AF200681

Das Buch:

Raus aus dem Alltag, raus aus dem Überfluss, raus aus dem Zeitdruck, rein ins mobile Leben – das ist heute der Wunsch vieler Menschen. Dieses kleine Reisebuch richtet sich nicht nur an Wohnmobilisten, sondern an alle, die von einem einfachen Leben träumen oder lediglich gerne unterwegs sind. Der Autor Thorsten Rottmann zeichnet in diesem Buch seinen Weg in ein reduziertes und entschleunigtes Leben nach, angereichert mit Betrachtungen rund um sein altes Reisemobil und das Leben darin.

Der Autor:

Thorsten Rottmann war nach seinem Abitur auf dem Zweiten Bildungsweg viele Jahre im Bildungsbereich im In- und Ausland tätig, unter anderem als Dozent und Autor.

Sein Weg in ein reduziertes und entschleunigtes Leben ist eng verbunden mit seiner Leidenschaft für das Meer und das mobile Leben. Gesundheitliche Rückschläge brachten ihn dazu, seinem Leben endgültig eine neue Richtung zu geben. Heute lebt er genau das, worüber er schreibt, und ist oft in seinem alten Reisemobil unterwegs. Mehr Infos über Thorsten Rottmann und einen Newsletter finden Sie unter

https://thorsten-rottmann.de

Thorsten Rottmann

Rüm Hart - Klaar Kiming

Das einfache Leben und ein altes Reisemobil

Ein Reisebuch

© 2020 Thorsten Rottmann
Zweite Auflage

Web: https://thorsten-rottmann.de
Mail: kontakt@thorsten-rottmann.de

Umschlaggestaltung: Lukas Huber
Illustrationen: Hannah Maier

Herstellung und Verlag:
BoD – Books on Demand, Norderstedt
ISBN: 978-3-750431775

Bibliografische Information der Deutschen Nationalbibliothek: Die Deutsche Nationalbibliothek verzeichnet diese Publikation in der Deutschen National-bibliografie, detaillierte bibliografische Daten sind im Internet unter http://dnb.dnb.de abrufbar.

Einfach Reisen

thorsten-rottmann.de

Inhalt

1. Ein Wort vorab   9

2. Küstenkind   13

3. Moderne Zeiten   29

4. Stand der Dinge   43

5. Neustart   55

6. Schnecken und Riesen   66

7. Größen und Mengen   79

8. Gezogener Stecker   98

9. Zu guter Letzt   111

10. Literatur   117

Für Kathi

1. Ein Wort vorab

„Reisen ist Sehnsucht nach dem Leben."

(Kurt Tucholsky)

Camping, Caravaning und vor allem Reisemobile sind im Trend und rund um diese Strömung boomt eine ganze Industrie. Es wird ein ganz spezifisches Lebensgefühl inszeniert, um uns in Kauflaune zu versetzen. Es vergeht kein Monat ohne exklusive, technische Neuerungen. Die Ausstattung von neuen Reisemobilen wird immer umfangreicher, angefangen von Weinkühlschränken bis hin zu allen möglichen Haushaltsgeräten. Basis dieser Entwicklung ist der Wunsch vieler Menschen nach Freiheit und Individualität, die sie in ihrem Leben und in ihrem Alltag offensichtlich vermissen. Wer strebt nicht danach, selbst zu entscheiden, wohin man fährt, welches das Ziel der Reise ist. Wer hat nicht den Wunsch, sich von der breiten Masse abzuheben, die mit dem „modernen" Menschen ebenso im Hamsterrad läuft wie man selbst?

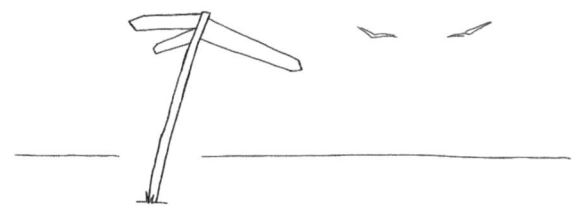

Der Titel des Buches, „Rüm Hart–Klaar Kiming", ist ein Spruch friesischer Inselkapitäne früherer Zeiten. Es gibt verschiedene Auslegungen dieser Wendung, die geläufigste ist „Großes Herz–Klarer Horizont". Diese Sichtgrenze bezeichneten die friesischen Seefahrer als „Kimme" – das ist die Linie zwischen Meer und Himmel, ein mystischer Ort, an dem sich bei klarer Sicht das Irdische und das Himmlische berühren. Die friesischen Männer sind über Jahrhunderte zur See gefahren, um ihre Familien zu ernähren und haben diesen Leitspruch gewählt, um ihre Weltoffenheit und ihre Hoffnung auf eine sichere Seereise auszudrücken. Diese Worte lassen sich ebenso auf andere Lebensbereiche übertragen: offen sein für fremde Menschen, Veränderungen, unbekannte Kulturen, ein großes Herz haben. Dabei aber nie sein Ziel aus den Augen verlieren, heimatverbunden und bodenständig bleiben. „Klaar Kiming" wird manchmal auch mit „klarer Verstand" übersetzt – denn wenn der Kopf klar ist, sieht man den Weg. Dieser Weg war für die friesischen Inselkapitäne, physisch betrachtet, der sichere Heimweg. Dieser Leitspruch begleitet mich im übertragenen Sinne einen Großteil meines Lebens, beruflich wie privat. Ein großes Herz haben für andere, mit offenen Augen und Ohren die Welt betrachten und seinen klaren Verstand nutzen. Das ist ein einmaliges Geschenk und besonders wichtig in Zeiten wie heute, wenn viele Menschen durch ihr Leben hetzen und häufig nur über soziale Netzwerke miteinander kommunizieren.

In diesem Buch erwarten Sie keine Kaufberatung, kein Ratgeber und kein Katalog im Sinne einer Auflistung von „How to ..." oder „100 Dinge, die man ...". Es ist auch kein Reisebericht im Sinne einer Aufzählung von traumhaften Plätzen und Gegenden, die ich besucht habe. Es ist vielmehr ein Reisebuch der anderen Art, das versucht, einige Entwicklungen, Trends und Mechanismen des heutigen Lebens zu hinterfragen, etwas andere Prioritäten zu setzen und das einige Thesen aufstellt, wie man seinen Lebensstil vielleicht etwas langsamer und reduzierter gestaltet. Das Leben im Reisemobil ist dabei synonym mit meiner Lebenseinstellung, die jenseits der großen Masse angesiedelt ist. Die Einfachheit, die Unkompliziertheit und die Mobilität in einem Reisemobil eröffnen das Potential und die Möglichkeit, an den schönsten, kreativsten und magischsten Plätzen zu leben, die man sich wünscht. Und warum nicht dort sogar arbeiten? Dabei spielt es keine Rolle, ob man einem „normalen" Arbeitsleben nachgeht, oder nur eine mehr oder weniger lange Auszeit plant, um den Alltag zu entschleunigen. Unter Umständen bereiten Sie Ihren Ruhestand vor oder Sie stehen oder standen nach gesundheitlichen oder persönlichen Wendepunkten in Ihrem Leben vor einer Neuausrichtung, die Ihren Vorstellungen von einem „guten Leben" Rechnung trägt. Für mich spielt dabei mein altes Reisemobil eine wichtige Rolle. Diese beiden Punkte thematisiert dieses kleine Buch: ein bescheidenes Leben und mein altes Reisemobil.

Mit dieser kleinen Lektüre nehme ich Sie mit auf einige persönliche Etappen. Ich lade Sie ein, mich gedanklich ein Stück zu begleiten. Viele meiner Überlegungen und Betrachtungen sind keineswegs neu und womöglich haben Sie ja nach dem Lesen des Buches Lust, einige dieser Ansätze punktuell auf Ihr Leben zu übertragen. Unabhängig davon, wo und wie es stattfindet. Oder Sie nehmen sich vor, mal wieder eine längere Reise zu unternehmen. Mit oder ohne Reisemobil. Dafür ist dieses kleine Reisebuch gedacht: Impulse und Denkanstöße geben – nicht weniger, nicht mehr!

Ich wünsche Ihnen viel Spaß bei der Lektüre!

2. Küstenkind

„Das Meer ist keine Landschaft, es ist
das Erlebnis der Ewigkeit."

(Thomas Mann)

Ich bin ein Kind der Küste. Ich bin nicht an der See geboren, aber seit längst mehr als der Hälfte meines Lebens habe ich immer das Meer in meiner Nähe. Schon davor hat die See stets eine ausgemachte Anziehungskraft auf mich ausgeübt. Vor allem im Rahmen von Urlauben und Reisen, die damals einen anderen Stellenwert hatten, als es heute der Fall ist. Daher war es vor vielen Jahren folgerichtig, dass es mich vollends in den hohen Norden gezogen hat und ich meinen Lebensmittelpunkt dorthin verlegt habe. Für alle Ortswechsel, die danach anstanden, war es für mich stets ein wichtiges Kriterium, ob ich das Meer vor der Haustür hatte oder nicht. Zunächst zog es mich an die Ostsee, dann an die Küste des Wattenmeeres, weiter an die griechische Ägäis und dann wieder zurück an die Watten der Nordsee.

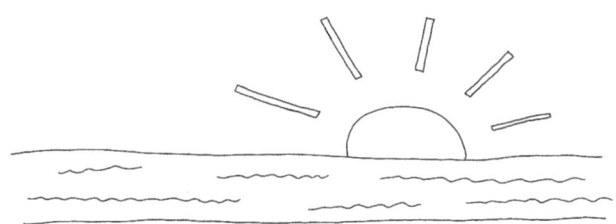

Die Frage nach Wassernähe stellt sich bis heute auch immer wieder, wenn es sich um die Planung von Touren mit dem Reisemobil dreht. Es ist dabei wichtig, zu wissen, dass Kathi eine Fränkin ist, die es nach Oberbayern verschlagen hat. Während es Kathi als Kind der Berge eher in die Höhe zieht, plädiere ich zumeist für das Meer. Es ist mir bislang schon ein ganzes Stück gelungen, sie den Vorzügen der Küste und der See näherzubringen, was umgekehrt aber bislang nicht so geklappt hat. Es ist keineswegs so, dass ich den Bergen nichts abgewinne. Kathi meint, dass der Blick von einem Gipfel über die benachbarten Bergkämme und ins Tal durchaus vergleichbar sei mit dem Blick auf den freien Horizont an der See. Doch die weite Kimmung an der Küste habe ich immer, während ich, realistisch betrachtet, den Blick von einem Gipfel immer nur kurz habe. Vor allem aber wandert man erstmal hoch. Ich habe im Süden Deutschlands schon viele grandiose Landschaften und Menschen kennengelernt, die meinen Blick verändert und meine Perspektive erweitert haben. Die Bayern, die ich bislang kennenlernen durfte, sind ausgesprochen bodenständige Menschen. Die Berge und das Alpenvorland sind pittoreske Landschaften, die für mich aber immer dann umso reizvoller sind, sobald ein Gewässer in der Nähe ist. Aber all diese Seen, so wunderschön sie sind, sind nicht imstande, es ansatzweise mit dem Meer aufzunehmen. Nach einiger Zeit engen mich die Berge ein, sie rauben mir den Blick auf den Horizont, sie beklemmen mich, sie nehmen mir die Luft zum Atmen.

Warum ist das so? Was ist dran am Meer, das es für mich so speziell macht? Für mich ist es vor allem das Gefühl von Weite, von Klarheit und von Freiheit. Ich habe das große Glück, an einem Ort zu leben, an dem andere Menschen ihren Urlaub verbringen. Ich bin in der glücklichen Lage, mir dieses Gefühl immer dann zu holen, wenn mir danach ist. Egal, wie nah genau ich an der Küste bin, ich schmecke das Salz in der Luft, es weht immer eine leichte Brise, es gibt dieses gigantische Licht, den endlosen Himmel und die Wolken, die ich schon dann wahrnehme, wenn ich mich von Weitem der Küste nähere. Ich spüre sie immerzu, die Nähe des Meeres, hier atme ich durch. In Afrika gibt es die „Big Five", die typischen Tiere des Schwarzen Kontinents, in den Watten sind es die „Flying Five", die überall anzutreffenden Vögel des Wattenmeers. Diese Gleichsetzung, diese Parallelität beschreibt, welch spezielle Welt die Watten sind. Mir vermittelt es das Gefühl von Heimat, von Zu–Hause–Sein im besten Sinne. Zurückgezogen hinter dem Deich, die Schreie der Möwen und Austernfischer im Ohr, am Rande der Republik. Hier gehen die Uhren anders. Manche Landschaften begegnen einem als Persönlichkeit mit einem eigenen Charakter, das gilt im Besonderen für das Wattenmeer.

Eine weitere Steigerung dieses Privilegs erfahre ich im wahrsten Sinne des Wortes, wenn ich mit meinem alten Reisemobil ein paar Tage draußen an der Küste verbringe. Hier spüre ich ihn buchstäblich, den langsameren Takt der Zeit, obwohl das physikalisch vollkommener Unsinn ist. Entweder ich finde ein Plätzchen unmittelbar hinter dem Deich oder ich ergattere sogar einen der seltenen Plätze direkt an der Wattkante. Das Wetter ist dabei völlige Nebensache. Es ist mir egal, ob ich im strahlenden Sonnenschein unterwegs bin, bei norddeutschem Landregen, durchdringendem Nieselregen oder gar während eines ausgewachsenen Sturms, die es vor allem im Herbst und Winter zu Genüge gibt. Ich öffne eines der Klappfenster und schon habe ich die typischen Geräusche des Watts im Ohr. Das Wasser plätschert leise, Wellen gibt es praktisch nicht. Der Takt der Tide prägt das Leben und die Rufe der Austernfischer geben mir sofort eine akustische Rückmeldung, wo ich bin. Gleiches gilt für den Anblick von Strandhafer, Queller und Salzwiesen. Wenn mir danach ist, schließe ich die Augen und atme tief durch. Dann rieche ich das Watt, schmecke das Salz auf meinen Lippen und die optischen und akustischen Eindrücke verschmelzen zu einem Gemälde der Sinne. Der Morgen startet mit einem frisch gebrühten Kaffee auf der Treppe meines fahrenden Weggefährten, der Nachmittag endet mit einem Fischbrötchen an einer Hafenkante. Immer und überall liegt Salz in der Luft. Vielerorts vernimmt man das obligatorische „Moin!". Mir schießt unweigerlich der Titel eines Buches in den Kopf, das ich vor einigen Jahren gelesen habe und in dessen Gedanken ich mich immer wieder selbst gefunden habe: „Wer Meer hat, braucht weniger."

***

Eine weitere Erklärung für meinen Hang zum Meer ist ein Charakterzug, der viele Menschen in der heutigen Zeit eher verschreckt. Ich bin weder unkommunikativ noch unsozial, aber ich brauche Phasen in meinem Alltag, in denen ich schlicht allein bin. Das bedeutet keineswegs, dass ich einsam bin. Ich bin ein autarker Mensch, der nicht allzu viele Mitmenschen um sich herum braucht und deshalb größere Menschenansammlungen meidet. Wie ich das Meer in mich aufsauge, so benötige ich Weite, Klarheit und die Stille des Watts. Das verbindet uns. Ich bin in meinem Leben weit herumgekommen, habe beruflich und privat einiges erlebt und ange-packt. Je älter ich aber werde, desto hektischer, dre-ckiger und lauter empfinde ich das Leben und die Atmosphäre einer Stadt. Ich sehne mich zunehmend nach Stille und Ruhe. Dieses Bedürfnis dehnt sich zeitlich immer weiter aus. Strandspaziergänge, über-haupt allein unterwegs zu sein, sind für mich ein ausgezeichneter Weg, meinen Kopf frei zu bekom-men, über Probleme nachzudenken, Folgerungen und Lösungen zu finden, neue Ideen und Impulse zu bekommen. Ich genieße die Natur, mein Kopf strengt sich nicht an und genau dann arbeitet er am kreativsten. Ähnlich verhält es sich mit der Zeit unter meiner Dusche. Wie oft bin ich schnell und fast noch nass aus meinem Badezimmer gesprungen, um etwas zu notieren. Mir war ein guter und wichti-ger Gedanke gekommen, der erforderte, dass ich ihn unbedingt weiter im Auge behalte. Bei Spaziergän-gen habe ich häufig ein kleines Notizbuch in der Tasche, um mir Ideen und Impulse zu notieren, um sie zu Hause weiter zu verfolgen. Auf diesen Wande-rungen bin ich ganz bei mir selbst und ich fange an, mich mit mir alleine zu beschäftigen. Ich bemerke es nicht einmal. Es ist kein bewusster Prozess, der abläuft, aber er setzt ein großes kreatives Potential frei. Viele Gedanken zu diesem Buch sind mir unter-wegs gekommen, ohne dass ich danach gesucht hät-te. Sie flogen mir zu. Wenn ich mir das vor Augen führe, erkenne ich, wie wichtig es ist, Zeit mit sich selbst zu verbringen.

Ich bin Frühaufsteher. Wenn das Leben morgens langsam erwacht, wenn es bedächtig hell wird, spüre ich den Atem des Lebens. Dann bin ich bei mir und ich bin allein. Mir kommen die besten Gedanken. Dies ist die kreativste Zeit des Tages, mein Kopf funktioniert an dieser Schwelle zwischen Dunkel und Hell am besten. Es herrscht Stille, die Welt schläft.

Meine Einsiedlerphasen sind für mich wie die Luft zum Atmen. Ein moderner Einsiedler zu sein und trotzdem unter Menschen zu leben, schließt sich dabei keineswegs aus. So schrieb der Schriftsteller Lin Yutang über diesen Aspekt der chinesischen Philosophie: „Nur eine armselige Philosophie lehrt uns die Flucht aus der menschlichen Gesellschaft. Das höchste Ideal der chinesischen Philosophie ist der Mensch, der nicht vor der Gesellschaft oder den Menschen flüchten muss, um glücklich zu werden. Das wäre nur ein zweitklassiger Einsiedler, der noch immer ein Sklave seiner Umgebung ist, weil er gezwungen ist, die Städte zu verlassen, um einsam in den Bergen zu leben. Der wahre Einsiedler ist der Einsiedler in der Stadt, denn er hat sich selbst bezwungen, und hat keine Angst vor seiner Umgebung." In diesen Sätzen finde ich mich wieder. Heute leben wir in einer Gesellschaft, in der man selten allein ist, vielmehr ist das Alleinsein fast schon verpönt. Es riecht nach Einsamkeit, und das schätzen wir nicht. Dem Alleinsein haftet der Makel an, dass

„mit dem doch irgendetwas nicht in Ordnung ist". Man braucht beides: die Interaktion, den Austausch mit anderen Menschen und, gleichberechtigt daneben, eine innere persönliche Autonomie, die Gelegenheit bietet, sich selbst zu begegnen. Heute mangelt es vielen Menschen daran. Hinzu kommt eine ungeschriebene Regel, ständig etwas Sinnvolles erledigen zu müssen. Deshalb verspüren heute viele Menschen häufig Angst vor Langeweile. Diese Beklommenheit sei in gewisser Weise eine Anschubfinanzierung für unseren heute weit verbreiteten Aktionismus, so der Soziologe Rüdiger Safranski. Wir werden nach außen an die Peripherie des Lebens gezogen, wo wir uns mit allem Möglichem beschäftigten, nur nicht mit uns selbst. Wir bräuchten das Erlebnis der Stille wie die Luft zum Atmen.

Wo ist man besser dazu in der Lage, diese Gedanken zu realisieren als in einem Reisemobil? Reduktion, Einfachheit und die Entschleunigung, die das mobile Leben mit sich bringen, bilden die perfekten Voraussetzungen, sich wieder einmal mit sich selbst zu beschäftigen. Dies setzt nicht unbedingt voraus, dass man allein unterwegs ist und die menschliche Gesellschaft meidet, wo immer es möglich ist. Aber es empfiehlt sich, sich darüber im Klaren zu sein, dass zwischen dem Alleinsein bzw. dem Alleinreisen und dem Leben und Reisen in Gesellschaft ein großer Unterschied besteht.

***

Mir wurden diese Gedanken und Ansätze nicht in die Wiege gelegt. Die Worte und Sätze, die ich hier zu Papier bringe, sind vielmehr das Ergebnis eines Veränderungs- und Entschleunigungsprozesses, der mich seit langem begleitet und der sich in den letzten Jahren beschleunigt hat. Dieses Umdenken hat sich schrittweise abgespielt und glauben Sie mir, es hat immer wieder Rückschläge gegeben und es wird sie weiterhin geben. Für mich sind Einschnitte Teil des Lebens und sie erfordern ein ständiges In–Sich–Hineinhorchen, um sie als solche zu identifizieren und um damit umzugehen. Diese Entwicklung lässt sich für mich durchaus zutreffend als eine Art Reise in die Einfachheit und Langsamkeit beschreiben. Sie zielt aber nicht darauf, irgendwelchen modernen Lifestyletrends nachzueifern, sondern ich verstehe diese Reise als einen Ansatz, ohne Scheuklappen zu leben, um über unsere aktuelle (Konsum)welt nachzudenken und sie zu hinterfragen. Ich suche nach für mich tragfähigen und sinnvollen Konsequenzen. Ich versuche, mich der ständigen Ökonomisierung der Zeit und einem permanenten, unterschwelligen Wettbewerbsdruck zu widersetzen, der alles und jedem einem gewissen Wert beimisst, der nach ständiger Bestätigung schreit. Wie sieht ein Lebensstil aus, der solche unwichtigen

Dinge auf das Wesentliche reduziert, und der den wichtigen Dingen im Leben den ihnen zustehenden Raum gibt? Es stellt sich schnell die Frage, was denn diese wesentlichen Dinge sind. Wie sieht ein bewusster Umgang oder gar eine Befreiung von den Zwängen und Mechanismen einer auf Wachstum ausgelegten Konsumgesellschaft aus? Was sind die Kriterien für ein „gutes Leben", wie erde ich mich, wie werfe ich meinen eigenen Anker in unserer Zeit?

In der Nachschau betrachtet, und das ist immer leicht gesagt, lässt sich meine Reise durchaus in verschiedene Etappen unterteilen. Nach dem Ende einer langjährigen und anstrengenden Beziehung bin ich vor einigen Jahren das erste Mal bewusst dem Slowgedanken begegnet. Er hat mich über das Segeln erwischt, mit dem man sich fast schon unweigerlich beschäftigt, wenn man am Meer lebt. In Zeitschriften stolperte ich über Artikel, die die Reduktion und die Entschleunigung des Segellebens mit dem üblichen Landleben kontrastierten. Ich beschloss, einen Selbstversuch zu wagen und mich ein wenig aus dem Staub zu machen. Es ist erforderlich, sich dabei vor Augen zu halten, was Segeln bedeutet. Die Welt auf dem Wasser ist komplett anders als die Welt an Land. Sobald die letzte Leine gelöst ist und das Boot vom Steg ins Wasser gleitet, bewegt man sich in anderen Sphären und die Dinge des Landlebens sind sofort meilenweit weg. Ich verlegte mein kleines Segelboot kurzerhand an die Friesischen Seen im Norden der Niederlande und verlebte dort einen Sommer. Ich verbrachte jede freie Minute an Bord. Der Innenraum dieses kleinen Gefährts misst kaum mehr als der eines VW Golf. Doch es wurde zu meiner Heimat, einer Art „Kloster auf Zeit", in das ich mich zurückzog, wenn es mir in der Welt zu voll und zu hektisch wurde. Das Leben war bescheiden, um nicht zu sagen primitiv, aber es brachte mir Ruhe und Stille. An Bord gibt es kein fließendes Wasser, keine Toilette und das Kochen funktioniert nur auf einem kleinen Spirituskocher, den ich im Winterlager eingebaut hatte. Doch die täglichen Handgriffe funktionierten, und vor allem brauchten sie Zeit. Das ist die beste Voraussetzung zum Entschleunigen. Der heimische Schreibtisch war weit weg. Spülen, Kochen, die Versorgung mit Trinkwasser und das Auffüllen der Petroleumlampe brauchten seine Zeit, die ich im Überfluss hatte. Die grundlegenden und alltäglichen Dinge erhielten damit ihren ursprünglichen Wert zurück. Eine weitere Entscheidung, die ich traf, war der Verzicht auf Nachrichten und Zeitungslektüren für mehrere Wochen. Meine Absicht war herauszufinden, was es konkret Wichtiges in der Welt gab und was ich verpassen würde. Das Ergebnis war ernüchternd. Nach den Wochen war nichts Weltbewegendes oder gar Neues vorgefallen. Ich benötigte nur wenige Minuten, um mich wieder einzulesen. Themen, die vor meiner Abkehr von der Nachrichtenwelt aktuell waren, hatten sich mir nichts, dir nichts in Luft aufgelöst, andere hatten sich bloß in Nuancen weiterentwickelt, so dass hier ebenso wenige Minuten genügten, um mich wieder auf den neuesten Stand zu bringen. Das Segelleben hat viele Dinge mit dem Leben in meinem alten Reisemobil gemeinsam. Das war mir damals aber noch nicht so klar. Vielmehr belächeln Segler und Reisemobilisten gerne einander, oder anders ausgedrückt, das Herausstellen und Akzentuieren von Unterschieden hat einen schon fast weltanschaulichen, wenn nicht gar religiösen Charakter. Das ist wenig zielführend, denn es betont einseitig die Andersartigkeit und verkennt völlig die verbindenden Elemente. Das Lebensgefühl auf dem Wasser ist ein anderes, zugegeben, dafür erweitert mein Reisemobil aber den Radius meines mobilen Lebens enorm. Gemeinsam ist beiden Formen die Mobilität mitsamt dem Wunsch nach Vereinfachung und Reduktion, was letztlich eher ein Sowohl–als–auch als ein Entweder–oder ist.

Mir brachte das Segelleben Zeit und innere Ruhe, einmal entspannt über mein weiteres Leben zu reflektieren. Ich beschloss, meinen persönlichen und beruflichen Horizont zu erweitern, und eine Etappe im Ausland einzulegen. Ich wusste seinerzeit nicht, dass dieser Schritt die letzte Station meiner regulären Berufstätigkeit markieren würde.

Ein Burnout schleicht sich langsam an, schrittweise, trügerisch, und er ist vor allem kaum wahrnehmbar. Ich rede hier von einem Burnout und nicht von einer stressigen Phase. Zwischen diesen Zuständen gibt es einen riesengroßen Unterschied. Ich habe beide erlebt, zum Glück mehr die stressigen Phasen. Nach dem ausgewachsenen, aber vor dem Hintergrund meiner seinerzeitigen beruflichen Belastung letztlich unausweichlichen Burnout, habe ich mich wieder zurück ins Leben gekämpft. Für eine Berufstätigkeit, die sich im üblichen Rahmen abspielt, reichte es aber danach nicht mehr, meine Kräfte waren aufgebraucht. Ich hätte weiterhin im permanenten Überlastbereich gelebt und gearbeitet. Womöglich etwas reduzierter als zuvor, aber es gab weiterhin eine nicht tragfähige Vielbeschäftigung. Ich entschied mich für den Ausstieg, um einem erneuten Burnout und einer neuerlichen Depression vorzubauen. Ich musste dringend dafür sorgen, dass nicht wieder alles in einem großen Brei absäuft und ich erneut die Hoheit über mein Leben verliere. In der Klinik hatte ich, wie man so sagt, einen Blick hinter die Tür geworfen und hatte beschlossen, dass ein Burnout und ein Klinikaufenthalt reichen. Mein Entschluss, ins Ausland zu wechseln, stellte sich im Nachgang als klassischer „life's turning point" heraus. Das wird einem aber erst in der Rückschau bewusst. Der Schritt war nicht nur ein Wendepunkt, er war zugleich ein Rückschlag auf dem Weg in ein reduzierteres und langsameres Leben. Ich war gezwungen, mir viele Einsichten und Gedanken aus meiner Zeit auf dem Boot wieder zurückzuerobern, um erneut darauf aufzubauen. Der letztendliche Ausstieg war für mich ein Akt der Selbstfürsorge, indem ich auf meine innere Stimme gehört habe. Vergleichen lässt sich das mit den Sauerstoffmasken in einem Flugzeug. Erst wenn man sich im Fall eines Problems selbst die Sauerstoffmaske angelegt hat, ist man überhaupt im Stande, weiter zu agieren und wieder die Hoheit über sein eigenes Leben zu bekommen. Ich kümmerte mich zu allererst um mich selbst, um mich letzten Endes in einem weiteren Schritt von Strukturen zu trennen, die mir nicht guttaten.

Eine weitere Hypothek, die mir mein Burnout für den Rest meines Lebens mit auf den Weg gegeben hat, ist ein ausgewachsener Diabetes. Ich bin gezwungen, mir mehrmals täglich Insulin zu spritzen. Das schränkt meinen Tagesablauf deutlich ein und vor allem ist es lästig. Ich bin in dieser Hinsicht genetisch vorbelastet und durch den Burnout ist der Diabetes ohne weitere Vorwarnung aufgrund des Stresses ausgebrochen – zum Glück ohne weitere gesundheitliche Folgeschäden. Mein Diabetes hat Auswirkungen auf die Gestaltung meines Alltags und erleichtert nicht unbedingt das mobile Leben, das liegt klar auf der Hand. Ich habe mich der Krankheit gestellt. Ich bemühe mich, meine Kreativität und mein Organisationstalent einzusetzen, um alles, was mir wichtig ist, unter einen Hut zu bringen. Mal davon abgesehen, dass ich das als echte Herausforderung begreife, die ich von Zeit zu Zeit gerne einmal suche. Wäre aber ohne gegangen. Ich sah und sehe meinen Diabetes als Zeichen und ernste Warnung, meine Einstellung zum Leben und meinen Lebensstil darauf auszurichten. Ich bin letztlich froh darüber, dass mein Körper nicht mit einem Schlaganfall, einem Herzinfarkt oder Ähnlichem auf meinen Burnout reagiert hat. Glück im Unglück. Vor allem aber sehe ich den Diabetes als Chance, als Seismographen: meines Lebens, meines Stresses, meiner Erschöpfung und meiner Überforderungen. Genau das begleitet und unterstützt mich in meinem reduzierten und langsamen Leben. Hohe Blutzuckerwerte weisen mich sofort darauf hin, dass irgendetwas nicht stimmt. Der menschliche Stoffwechsel ist überaus individuell und vor allem ist er fragil. Bei zu hohen Blutzuckerwerten begebe ich mich sofort auf die Suche nach der Ursache. So wird der Diabetes Teil meiner persönlichen Achtsamkeit. Er macht mich aufmerksamer gegenüber meiner Gesundheit, meinen Gewohnheiten und meiner Lebensweise.

Diese persönlichen Entschlüsse, Ergebnisse und Konsequenzen haben mich zu meiner eigenen Reise- und Lebensphilosophie geführt. Allerdings nicht als geplantes Projekt, sie hat sich von selbst entwickelt. Sie beruht auf meinen eigenen Wertvorstellungen und zielt auf meine individuelle Lebensqualität. Der Ausstieg aus dem Beruf erhöht meine Mobilität weiter. Ich bin nicht mehr nur am Wattenmeer oder in

Bayern zu finden. So ist der größte Teil dieses Buches auf Sizilien entstanden, und zwar zu einer Zeit, in der es in Deutschland langsam kalt wird und das Laub an den Bäumen seine goldgelbe Farbe bekommt und abfällt. Ein früher Ausstieg bedeutet aber gleichermaßen, dass die finanziellen Mittel dauerhaft eingeschränkt sind. Für den Weg in ein reduziertes und entschleunigtes Leben war das nicht die schlechteste Voraussetzung.

3. Moderne Zeiten

„Ihr habt die Uhren, wir haben die Zeit."

(afrikanisches Sprichwort)

Mir sind letztens beim Aufräumen einige alte DVDs in die Finger gefallen, die Fußballspiele alter Weltmeisterschaften zusammenfassen. Ich wusste gar nicht mehr, dass ich sie hatte. Wie das in der heutigen Zeit oftmals so ist, wenn man eine Menge Krempel hat. Es braucht ewig lange, um überhaupt mal einen Überblick zu gewinnen, was da noch so alles im Schrank steht. Ich überlegte kurz, sie sofort zu entsorgen, denn letztlich reduziere ich ja nach wie vor meinen irdischen Besitz. Ich weiß gar nicht genau warum, aber ich nahm die DVDs der Weltmeisterschaften von 1974 und 1990 in die Hand und schaute mir die Hüllen an. Da waren sie zu sehen, Fußballikonen der heutigen Zeit, damals aktive Spieler, Uli Hoeneß, Gerd Müller, Lothar Matthäus und wie sie sonst alle heißen. Ich beschloss spontan, meine Zeit ein bisschen zu vertrödeln, und legte zum Spaß die beiden Endspiele ein, in denen Deutschland den Titel geholt hatte. Es war erschreckend. Ich schaute mir die Spiele an und dachte, ich stehe am Spielfeldrand eines Fußballspiels der untersten Spielklasse, so langsam bewegten sich die Spieler auf dem Platz. Matthäus und Co. hätten heute nicht mehr den Hauch einer Chance auf dem

Spielfeld, so schleichend und behäbig wirkten ihre Bewegungen. Damals zählten sie zu den besten Fußballern der Welt, es war kaum zu glauben. Jedes durchschnittliche Bundesligaspiel heute ist erheblich schneller. Mir stockte fast der Atem. Die neue Zeit. Alles ist auf Tempo angelegt, der Takt des Lebens schlägt immer schneller und jeder Mensch ist dazu verpflichtet, möglichst viele Dinge gleichzeitig zu erledigen.

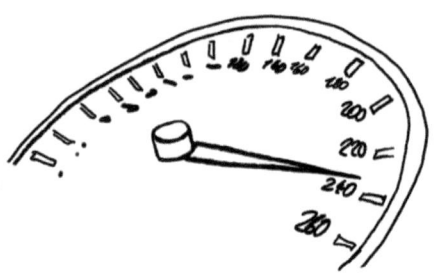

Die Entwicklung zum Immer–schneller–Werden begann Mitte des 19. Jahrhunderts mit der Erfindung und dem Betrieb der Eisenbahn. Erstmals bewegte sich ein Mensch schneller fort, als er zu laufen vermochte. Karl Marx hatte damals schon davor gewarnt, dass alle Wirtschaft irgendwann zu einer „Ökonomie der Zeit" werden würde. Wie recht er damit hatte. Diese Linie hat sich bis in die heutige

Zeit stetig weiterentwickelt. Ich frage mich, was das für eine Gesellschaft ist, die nicht nur darauf angelegt, sondern geradewegs dazu gezwungen ist, immer mehr Wachstum, Geschwindigkeit und Innovationen zu produzieren, um ihre Existenz zu sichern. Was ist das für ein Leben, das von uns verlangt, von Jahr zu Jahr immer schneller zu werden, nur um unseren Status quo zu halten? Ich frage mich, ob und falls ja, wann es irgendwann ausreicht. Gibt es einen Punkt, an dem wir alle schnell genug sind? Warum beteiligen sich so viele Menschen an diesem Wahnsinn, obwohl wir doch wissen, wohin das führt? Warum ist es so schwierig, sich dieser selbstzerstörerischen Mentalität zu entziehen?

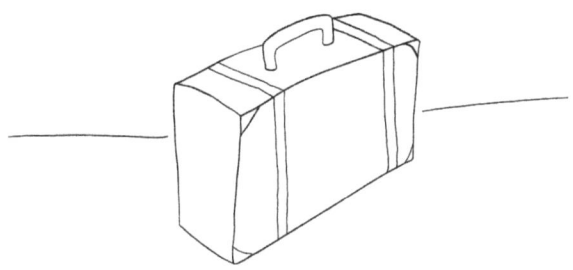

Stefan Zweig und Henry David Thoreau, bekannte Reiseschriftsteller des 20. bzw. 19. Jahrhunderts, die sich schon früh mit dem Thema Reisen, Zeit und Leben beschäftigt hatten, flögen heute angesichts der

Zentrifugalkraft, die aus der Beschleunigung unseres Alltags resultiert, glatt aus der Kurve. Für sie wäre die Geschwindigkeit des heutigen Lebens schier unvorstellbar. Obwohl sie seinerzeit auf diese Trends hingewiesen und davor gewarnt haben. Für Narren und Spinner hat man sie damals gehalten.

***

Apropos alte DVDs und Krempel. Leider ist es nicht häufig der Fall, dass einem alte Gegenstände, die zur Entsorgung anstehen, zu neuen Perspektiven verhelfen, wie im Fall der alten Fußballspiele. Man veranschlagt, dass jeder ohnehin sehr viele Dinge in seinem Besitz hat. Eine grobe Kalkulation schätzt etwa 10.000 Gegenstände, die jeder erwachsene Mensch durchschnittlich besitzt. Ich habe mir mittlerweile die Regel auferlegt, Gegenstände, die ich seit einem Jahr nicht mehr benutzt habe, rigoros aus meinem Leben zu verbannen und neue Dinge nur dann anzuschaffen, wenn dafür ein anderes verschwindet. Da lobe ich mir doch das reduzierte Leben in meinem Reisemobil. Na ja, so ist es dann doch nicht. Ich weiß es ja, dass ich auf Reisen nur wenige Dinge wirklich brauche. Aber es passiert mir immer wieder auf fast jeder Tour, dass ich nicht nur viel, sondern viel zu viel Bekleidung einpacke. Kennt fast jeder. Man kommt dann doch nicht aus seinen alten Gewohnheiten als Jäger und Sammler heraus, es ist und bleibt eine große Herausforderung. Trotzdem haftet meinem fahrenden Weggefährten eine wunderbare Eigenschaft an, denn der zur Verfügung stehende Platz in einem Reisemobil ist deutlich spärlicher als in jeder Wohnung. Genau dieser Umstand zwingt einen ständig dazu, Dinge, die man an Bord hat, auf ihren Nutzen und ihren Sinn zu hinterfragen. Das ist immer wieder faszinierend und eine Herausforderung zugleich, denn auf diese Weise führt man sich immer wieder vor Augen, welch beträchtlichen Krempel man unnützerweise an Bord hat.

Auf Touren mit dem Reisemobil hat man die günstige Gelegenheit, sich zurückzuziehen und der beschleunigten Welt auf eine simple Weise zu entfliehen. Ich lasse meine Besitztümer, meinen ganzen Krempel zu Hause, doch das reicht nicht. Er ist weiterhin da, wenn ich wieder zurückkomme. Nur abzischen ist nicht genug. Das erinnert an ein Kind, das sich die Augen zuhält und meint, niemand könne es mehr sehen. Vor allem wird einem immer wieder klar, dass der Wert, den man seinem Krempel beimisst, völlig unangemessen ist. Ich bin nicht nur davon gelangweilt. Ich bin es leid. Ich habe genug davon, dass Erfolg und Wertschätzung anderer anhand unserer Besitztümer bemessen werden. Als wenn es nichts Wertvolleres gäbe. Ich bin es leid, dass sich viele Menschen völlig damit aufreiben, mit irgendwelchen Leuten mitzuhalten, nur weil sie meinen, diese angeblichen Vorbilder führten ein perfektes Leben. Das ganze wird dann womöglich in den sozialen Medien zur Schau getragen. Selbst sonst ausgeglichene Erwachsenen schwanken dabei zwischen Selbstbestätigung und Selbstbestrafung hin und her. Wenn man sich vor Augen hält, was diese Art, wie sich erwachsene Menschen zur Schau stellen, mit leicht beeindruckbaren Kindern und Jugendlichen anstellt, macht das sprachlos. Diese gesellschaftliche Konditionierung, das ewige Vergleichen und der permanente Wettbewerb, die daraus hervorgehen, stimmen mich traurig. Doch am allermeisten bin ich die Vorstellung leid, dass wir all dies für völlig normal halten.

***

Das ständige Vergleichen und Messen ist bequem und unkompliziert. Man denkt nicht darüber nach, sondern lebt sein Leben wie gewohnt weiter. Doch leider trägt dieser Ansatz auf Dauer nicht. Unser Wohlstand gründet und stabilisiert sich durch ein ständiges Wachstum. Das hat zu einer umfassenden ökologischen Plünderung geführt, man denke nur an die Ölreserven der Erde oder die Abholzung des Regenwaldes. Da alle diese Dinge immer knapper werden, verzetteln und verstecken sich viele Leute in einer reizüberfluteten Konsumsphäre, die jetzt daran ist, auf die gleiche Weise das letzte und knappste Gut aufzuzehren, das heute noch zur Verfügung steht. Unsere Zeit. Durch den Abwurf von Ballast, in Form allen angesammelten Krempels, ergibt sich die Chance, sich auf das Wesentliche zu konzentrieren, statt im Hamsterrad der käuflichen Selbstverwirklichung zusehends Schwindelanfälle zu erleiden. Wenige Dinge intensiver zu nutzen und zu diesem Zweck unter Umständen naheliegende Optionen souverän zu ignorieren, Nutzungsdauern zu verlängern, bedeuten weniger Stress und damit mehr Zufriedenheit und je nachdem auch mehr Glück. Und das ist letztlich das einzig verbliebene verantwortbare Gestaltungsprinzip. Die Reduktion befreit von einem Überfluss, der das Leben verstopft und unsere Lebensgrundlagen verletzlich macht.

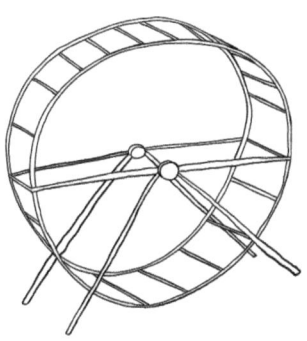

Das jedermann hinlänglich bekannte Prinzip Haben–Jetzt–Zahlen–Später ist aber nicht nur auf der materiellen Ebene, sondern gleichfalls aus der zeitlichen Perspektive aus dem Ruder gelaufen. Dieser Mechanismus scheint jegliche Grenzen verloren zu haben. Um nicht gehalten zu sein, sich mit dem zufriedenzugeben, was kraft eigener Leistung gegenwärtig erreichbar ist, wird der Vorrat an zukünftigen Möglichkeiten geplündert. Dadurch begibt man sich in die Abhängigkeit, in eine Art Geiselhaft einer unerbittlichen Maschinerie, die immer mehr Wachstum produziert und vor allem dazu gezwungen ist. Unter der Herrschaft eines angeblichen Mangels an Zeit hat das Wachstum der individuellen Möglichkeiten einen verheerenden Preis, nämlich Oberflächlichkeit. Und die macht niemanden glücklich, sondern krank. Viele Ziele und Verheißungen des modernen Zeitalters sind verwirklicht. Viele Menschen führen ein freies Leben, haben Geld und entscheiden selbst darüber, wie sie aus ihrem Dasein das Beste machen. Doch all dies verwandelt sich derweil in Stress – was für eine Ironie. Der französische Soziologe Alain Ehrenberg sprach diesbezüglich schon im Jahr 2004 vom „erschöpften Selbst". Hilfe bringt eine Konzentration auf eine überschaubare Anzahl von Optionen, so dass Zeit und Aufmerksamkeit reichen, diese Dinge lustvoll zu genießen. Wer sich elegant eines ausufernden Konsumballasts entledigt, ist davor gefeit, in der Mühle käuflicher Selbstverwirklichung seine Orientierung zu verlieren. „Souverän ist nicht, wer viel hat, sondern wer wenig braucht", so der Wachstumskritiker Niko Paech 2012.

Mit der Zeit an sich ist es so eine Sache. Wer denkt schon darüber nach. Wenn man jemandem entgegnet, dass man keine Zeit habe, meint man damit in der Regel die Zeit, die sich auf dem Zifferblatt der Uhr abbildet. Es ist aber gleichwohl ratsam, Vorsicht walten zu lassen, wenn man über die Zeit spricht. Niemand würde heutzutage wagen zu behaupten, dass es eine andere Zeit gibt als die Abfolge von Vergangenheit, Gegenwart und Zukunft, oder den sekundengenauen Tagesablauf. Die Griechen der Antike hingegen kannten zwei Götter, die für die Zeit zuständig waren: der eine ist „Chronos". Er ist der Gott der chronologischen, gleichmäßigen und vor allem wissenschaftlich messbaren Zeit, die heute unser Leben und unseren Alltag taktet.

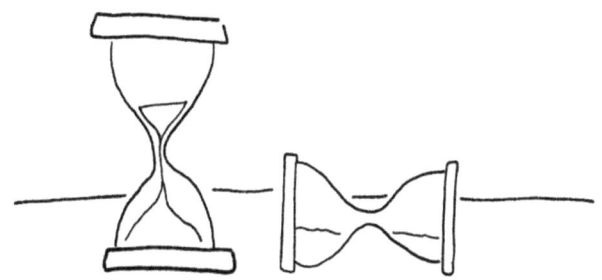

Doch die Griechen kannten einen weiteren Gott der Zeit, „Kairos". Der ist inhaltlich schwieriger zu fassen, denn er lässt sich nicht so exakt definieren, wie es mit Chronos der Fall ist. Kairos ist für die göttliche Zeit zuständig, jene Momente im Leben, in denen man mutig handeln muss oder es für immer bereuen wird. Heute gebraucht man oft häufig den Begriff des „Momentums", das es zu nutzen gilt. Auf die eine oder die andere Weise sind die meisten Menschen Kairos wahrscheinlich schon einmal begegnet. Man könnte ihn auch als Ereigniszeit bezeichnen. Wir alle kennen dieses Gefühl oder eben diese Art der Zeit. Auf Kairos geht der berühmte Satz „Carpe Diem!" (Nutze den Tag!) zurück. Er steht für die Entscheidungen und Weggabelungen, die man genommen hat oder nicht. Diese Abzweigungen bestimmen die Landkarte eines Lebens nicht unerheblich und ebenso die Reisen, die daraus entstehen. Es sind die Taten, zu denen man sich spontan entscheidet und die das Leben für immer verändern. Doch in der hektischen Welt, in die wir heutzutage eingebunden sind, existiert Kairos gar nicht.

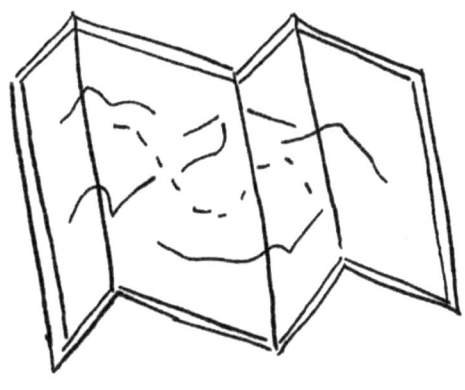

***

Es ist heute verpönt, seine Zeit schlicht und einfach nur zu vertrödeln. Es wird schief angesehen. Im
Zeitalter ständiger Selbstoptimierung ist das schon
fast eine Sünde. Sich zu entschleunigen, langsamer
zu werden, ist eine bewusste Gegenbewegung zu
einem solchen Umgang mit der Zeit, denn es ist eine
ausdrückliche Entscheidung, die Überholspur des
Lebens zu verlassen und auf die Standspur zu wechseln. Ein selbst auferlegtes Tempolimit. Die positive
Auswirkung eines solchen Trödelns oder Bummelns
ist eine spürbare Differenz zur übrigen Welt. Indem
man das Denken gezielt auf einen Augenblick reduziert, entwickelt sich ein eigener Zeitrhythmus, der
sich als eine Art Widerstand gegen den vorherr-

schenden Zeitgeist verstehen lässt, nach dem immer alles ordentlich schnell abzulaufen hat.

Kinder sind wahre Meister darin, und man kann einiges von ihnen lernen. Ich habe mir fest vorgenommen, mir Kathis kleinen Enkel von Zeit zu Zeit für einen Spaziergang oder einen Spielplatzbesuch „auszuleihen", wenn er etwas größer ist und läuft. Damit ich mir das immer wieder vor Augen führe. Nur so zur Übung. Mit Kindern spazieren zu gehen, hat etwas Inspirierendes und Verblüffendes zugleich. Man hat keine Ahnung, wohin es geht. Für Erwachsene ist das lästig und umständlich, weil es zweckfrei ist. Wenn aber erst einmal die Ungeduld überwunden ist, wenn man gezwungen ist, die Hektik seines Alltages hinter sich zu lassen, erkennt man Dinge über sich, von denen man nicht einmal wusste, dass man sie herausfinden wollte. Wenn die Zeit drängt, fangen Kinder an zu trödeln. Sie merken, wenn ein Erwachsener unter Zeitdruck steht und bei ihnen kehrt eine auffallende Entspannung und Gelassenheit ein, die sie alle Bewegungen in Zeitlupe ausführen lässt. Auf dem Weg in den Kindergarten oder in die Schule werden dann hübsche Blätter oder Steine gesammelt. Der Arzt ist doch den ganzen Tag in der Praxis, warum sich beeilen? Kinder sind unschlagbare Meister der Verlangsamung, aber sie tun es nicht böswillig, sondern haben nichts weiter als ein anderes Zeitgefühl, das uns im Laufe der Zeit ausgetrieben wurde. Ein Blick in einschlägige Erziehungsratgeber lohnt sich.

Vor kurzem habe ich Kathi auf Sizilien zum Flughafen gebracht. Sie hatte ein paar wichtige Arzttermine in Deutschland, wollte ihre sozialen Kontakte pflegen und vor allem hatte sie, glaube ich, ziemliche Sehnsucht nach ihrem kleinen Enkel, der unser Leben seit einiger Zeit bereichert. Und ich benötigte mal wieder eine meiner Einsiedlerphasen, um das Manuskript zu diesem Buch zu beenden. Wir waren schon einige Wochen auf der Insel unterwegs und hatten uns voll und ganz an unser Leben im Reisemobil gewöhnt. Die Ankunft am Flughafen war für mich ein Schock. Überall wuselten Menschen, viel zu viele Menschen hin und her. Die Hektik war förmlich zu greifen. Es war laut und es prasselte eine so große Zahl an Eindrücken auf mich ein, dass mir fast schon schwindelig wurde. Die fliegenden Stahlkolosse spuckten Urlauber aus oder zogen Menschen in sich hinein, um sie wieder zurück ins kalte

Deutschland zu verfrachten. Mir wurde klar, wie unmissverständlich mich das Leben in meinem Weggefährten immer wieder auf das Neue verändert. Ich ziehe es schon seit langem vor, das Reisemobil zu nutzen, wenn ich mal wieder weg muss. Dabei habe ich es mir angewöhnt, immer möglichst langsam zu fahren, vor allem auf der Autobahn. Ich finde es angenehm, dabei seinen Gedanken nachzugehen, ähnlich wie auf einem Alleinspaziergang. Ich höre Musik, ohne den Lautstärkeregler zu weit aufdrehen zu müssen und wenn ich nicht alleine fahre, ist auch eine normale Unterhaltung möglich. Die Dieselkasse schont es obendrein. Vor allem aber ist dieses langsame Fahren eine kleine Rebellion gegen den Zeitgeist. Ich fahre mein Tempo, die erzürnten Blicke der anderen Autofahrer auf der Überholspur ignoriere ich. Ich behalte meine Autonomie, die Zeit gehört mir. Mein altes Reisemobil wird zu meiner persönlichen Zeitmaschine.

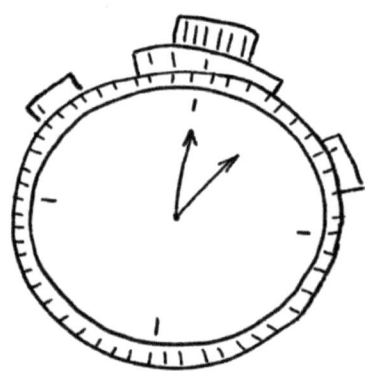

4. Stand der Dinge

„Wir kaufen Dinge, die wir uns nicht leisten
können, um Leute zu beeindrucken, die wir
nicht leiden können."

(Willy Rogers, US-Schauspieler)

Einen breiten Grundpfeiler des heutigen Lebens bildet der Konsum. Dabei wird erwartet, dass jeder seinen Teil dazu beiträgt. Das führt sogar so weit, dass ein Leben mit weniger Besitztümern als ein Angriff auf unsere Kultur aufgefasst wird. Viele Leute stellen sich eine Menge Möbel in die Wohnung, die sie im Grunde gar nicht brauchen, nur weil die Nachbarn sie für seltsam halten könnten, wenn da gar nicht so viel stünde. Sie shoppen, weil sie das immer schon unternommen haben, und sie gestatten dem Fernsehen und den sozialen Medien, Öl ins Feuer der Unzufriedenheit zu gießen. Wenn erst der Urlaub gebucht, das Haus modernisiert, der Teich im Garten angelegt ist. Diese von außen befeuerte Unzufriedenheit ist eine Triebfeder und Stütze der Konsumgesellschaft.

Unser Leben kommt heute aus zweiter Hand, und die Komponenten zum Glücklichsein erhält man gleichermaßen vorgesetzt. Wie diese Glückseligkeit auszusehen hat, bekommt man ebenso diktiert. Man ist aufgefordert, sie in Shoppingzentren, im Internet und in Supermärkten zu kaufen, man darf auf keinen Fall irgendetwas verpassen, und man sollte möglichst an mehreren Orten gleichzeitig sein, weil das heute ja so unproblematisch machbar ist. Fast alle tragen ihren Teil dazu bei. Die Gegenwart, der Ort, an dem man sich momentan aufhält, wird dadurch stetig weiter entwertet und die Erlebnis- und Empfindungstiefe immer belangloser.

Ein zusätzliches Kennzeichen des Alltags ist der Überfluss. Das Horten und Sammeln, wie es der Höhlenmensch betrieben hat, ist aber vollkommen überflüssig. Das gilt insbesondere für den Krempel, den fast jeder besitzt. Alles ist immer und überall verfügbar. Nur wenige Dinge, die die heutige Warenwelt anbietet, sind wichtig und aufgrund dessen unverzichtbar. Wenn man sich alles vom Halse schafft, was man nicht braucht, sich weigert, mehr zu kaufen, als man benötigt, bringt man sich in die Lage, sich besser auf die übrig gebliebenen Dinge zu konzentrieren. Wenn man bereit ist, irgendetwas an seinem Lebensstil zu verändern, ist es notwendig zu lernen, auf manches zu pfeifen und auf anderes mehr zu achten. Trends, Status und die äußeren Zeichen irgendeines, wie auch immer definierten „Erfolgs" sollte man weniger wichtig nehmen, und dafür das Wesentliche mehr in den Vordergrund rücken. Und eine ordentliche Portion Dankbarkeit und Demut wären aus meiner Sicht ebenfalls angebracht.

Zum Konsum als einer Art Lebenszweck kommt ein weiterer Aspekt hinzu. Konsum wird gezielt und gewollt mit dem eigentlichen Vergnügen vermengt. Der Wunsch, etwas zu tun, wird vermischt mit dem Drang zu kaufen. Der Wunsch, sich zu betätigen, wird gleichgesetzt mit dem angeblichen Bedürfnis, etwas anzuschaffen, was für die entsprechende Betätigung wichtig ist: Kleidung, Ratgeber, alle möglichen Utensilien. Das gilt gleichermaßen für das Reisen und Leben in einem Reisemobil. Es wird einem über viele Kanäle suggeriert, was genau benötigt wird und vor allem, was gekauft werden muss, um „vernünftig" unterwegs zu leben. Das ist Quatsch. Es braucht keinen schicken Kastenwagen oder gar ein neues, riesiges Wohnmobil mit allem heute verbauten Zubehör. Am besten wird das Fahrzeug womöglich über einen horrenden Kredit finanziert, der einen für die nächsten zwanzig Jahre an die Kette legt. Wichtiger ist vielmehr die Bereitschaft, sich auf eine solche Lebensgestaltung einzulassen. Offen zu sein, dass eben nicht alles glatt läuft im Alltag. Sich seine Autonomie zurückholen, um auf Reisen seinen Horizont zu erweitern und seine Freiheit und Unabhängigkeit zu genießen. Das Vagabundenleben hält so viele Bereicherungen parat, hat gegenüber dem üblichen Leben einen so großen Mehrwert, dass der angebliche Verlust an Komfort das ohne weiteres auffängt. Um all das zu realisieren, sind nicht einmal schwindelerregende Anschaffungen erforderlich. Ein altes, gebrauchtes Reisemobil oder ein günstiger Transporter, den man selbst ausbaut, reichen zum mobilen Glück völlig aus. Gleiches gilt für das

Zubehör. Einige Dinge sind in der Tat unverzichtbar, aber man ist gehalten, sich dabei stets genau zu hinterfragen. Einige Utensilien, die man für unverzichtbar hält, erweisen sich nachträglich im realen mobilen Leben dann doch als überflüssig oder unsinnig. Ich ärgere mich immer wieder neu, wenn ich irgendwelchen Produkttests oder Versprechen der Werbung auf den Leim gegangen bin.

***

Weniger Konsum, weniger Besitztümer und weniger Krempel sind kein Verlust an irgendetwas, sondern in erster Linie ein Gewinn an allem Möglichen, allem voran persönliche Spielräume und Freiheiten. Wie absurd dabei die Grundlagen unseres heutigen Lebens sind und wie simpel es ist, bescheidene Freuden zu genießen, verdeutlicht eine Parabel über einen mexikanischen Fischer. Sie ist im Grunde ein bisschen schlicht und ein erhobener Zeigefinger schwingt ebenfalls mit, aber die Moral der Geschichte ist ganz aufschlussreich.

Ein amerikanischer Investmentbanker stand in einem kleinen mexikanischen Fischerdorf an der Pier und beobachtete, wie ein kleines Fischerboot mit einem Fischer an Bord anlegte. Er hatte einige riesige Thunfische geladen. Der Banker gratulierte dem Mexikaner zu seinem prächtigen Fang und fragte, wie lange er dazu gebraucht hätte. Der Mexikaner antwortete: „Ein paar Stunden nur. Nicht lange." Daraufhin fragte der Banker, warum er denn nicht länger auf See geblieben sei, um mehr zu fangen. Der Mexikaner sagte, die Fische reichten ihm, um seine Familie die nächsten Tage zu versorgen. Der Banker wiederum fragte: „Aber was tun Sie denn mit dem Rest des Tages?" Der mexikanische Fischer erklärte: „Ich schlafe morgens aus, gehe ein bisschen fischen; spiele mit meinen Kindern, mache mit meiner Frau Maria nach dem Mittagessen eine Siesta, gehe ins Dorf spazieren, trinke dort ein Gläschen Wein und spiele Gitarre mit meinen Freunden. Sie sehen, ich habe ein ausgefülltes Leben." Der etwas korpulente Banker erklärte: „Ich bin Harvard–Absolvent und könnte ihnen ein bisschen helfen. Sie sollten mehr Zeit mit Fischen verbringen und von dem Erlös ein größeres Boot kaufen. Mit dem Erlös hiervon wiederum könnten sie mehrere Boote kaufen, bis Sie eine ganze Flotte haben. Statt den Fang an einen Händler zu verkaufen, könnten Sie direkt an eine Fischfabrik verkaufen oder eine eigene Fischverarbeitungsfabrik eröffnen. Sie könnten Produktion, Verarbeitung und Vertrieb selbst kontrollieren. Sie könnten dann dieses kleine Fischerdorf verlassen und nach Mexiko City oder Los Angeles und vielleicht sogar New York City umziehen, von wo aus Sie dann ihr florierendes Unternehmen leiten." Der Mexikaner fragte: „Und wie lange wird dies alles dauern?" Der Banker antwortete: „So etwa 15 bis 20 Jahre." Der Mexikaner fragte: „Und was dann?" Der Banker lachte und sagte: „Dann kommt das Beste. Wenn die Zeit reif ist, könnten sie mit ihrem Unternehmen an die Börse gehen, ihre Unternehmensteile verkaufen und sehr reich werden. Sie könnten Millionen verdienen." Der Mexikaner sagte: „Millionen. Und dann?" Der Banker sagte: „Dann könnten Sie aufhören zu arbeiten. Sie könnten in ein kleines Fischerdorf an der Küste ziehen, morgens lange ausschlafen, ein bisschen fischen gehen, mit ihren Kindern spielen, eine Siesta mit ihrer Frau machen, in das Dorf spazieren, am Abend ein Gläschen Wein genießen und mit ihren Freunden Gitarre spielen."

Die Konsumwirtschaft verlangt, dass wir hart arbeiten, um irgendwann ein entspanntes Leben mit einfachen Freuden zu genießen. Doch das ist schon die ganze Zeit möglich. Man muss nur dem Drängen der Konsumwirtschaft ein wenig widerstehen. Die meisten Menschen sind in der Situation, schon jetzt gut zu leben und sind keineswegs gezwungen, ihren Genuss auf später zu verschieben. Wenn man bereit ist, diese Gedanken weiter zu denken, Rückschlüsse daraus zu ziehen, selbst etwas an seinem Leben zu ändern und erste kleine Schritte zu unternehmen.

Der mexikanische Fischer zeigt ein weiteres Paradox der heutigen Welt auf. Er offenbart einen lohnenden Blick auf die Art und Weise, wie die Welt strukturiert ist, wie Erfolg und Status definiert sind, und was man dafür anzustellen hat, um das zu erreichen. Arbeit stellt die eigentliche Grundlage für den Konsum dar, irgendwoher muss das Geld ja kommen. Man arbeitet, um zu kaufen. Nur einen Teil des Einkommens bringt man jedoch dabei für seinen reinen Lebensunterhalt auf, wobei die Größe dieses Anteils geographisch variiert. In Deutschland gibt man im europäischen Vergleich den geringsten Teil des monatlichen Einkommens für Lebensmittel aus. Trotzdem, wenn man plant, etwas Größeres zu kaufen, zum Beispiel einen PKW, eine teure Urlaubsreise oder unter Umständen sogar ein neues Reisemobil, kann man das von seinem Einkommen nicht mehr leisten. Sofern man nicht über Vermögen verfügt, gibt es nur die Lösung, einen Kredit aufzunehmen. Das alles mündet in einer Falle, einer subtilen Schuldenproblematik, die einen langfristig an ein System bindet, das einem die Freiheit und Selbstbestimmung raubt, ohne dass einem das in allen Konsequenzen bewusst ist. Dieser Kreislauf ist wie eine riesige Krake, ein Ungeheuer, das sich immer weiter ins Leben frisst und einen zunehmend vereinnahmt. All das ist dem Fischer aus der Geschichte völlig fremd.

Eng verbunden mit diesem Kreislauf sind Computer und Fernseher. Sie beschleunigen die Arbeitswelt und die Freizeit derart, dass man kaum mehr mitzuhalten vermag. Viele stützen sich auf diese beiden Krücken und verblöden regelrecht, so dass man in der bunten Warenwelt wie in einer Käseglocke sitzt. Das bemerkt man nicht einmal mehr, weil es einem so völlig normal erscheint. Hinterfragt wird das Ganze erst recht nicht. Der Schriftsteller Allen Ginsberg befand schon vor einiger Zeit in dieser Hinsicht: „So sieht sie aus, die Missionarsstellung des modernen Analphabeten: hocken und konsumieren."

Man stelle sich einmal vor, man gäbe seinen Krempel auf, schaffe weniger Dinge an und man verzichte vor allem darauf, Schulden aufzunehmen. Man hätte vermutlich eine Menge Geld im Monat übrig. Doch anstatt das Geld in neuen Konsum zu stecken, verweigert man sich diesem Mechanismus. Man könnte weniger arbeiten. Die freie Zeit könnte man sinnvoller nutzen, als im Büro zu sitzen und tagtäglich das Gleiche zu erledigen. Man könnte mehr Zeit mit seinen Kindern verbringen, ein Gemüsebeet im Garten anlegen, sich ehrenamtlich engagieren, ein Buch schreiben und womöglich ja sogar mobiler und unabhängiger an Orten leben, an denen man gerne ist. Das klingt verlockend simpel. Doch trotzdem ist ein solch unkomplizierter Ansatz verdächtig, denn man braucht dafür keine dicken Bücher, Studien oder sonstige wissenschaftliche Begründungen.

Ein weiterer Fallstrick der heutigen Arbeitswelt beruht auf der ihr zugrunde liegenden Arbeitsethik, die eng mit der Entwicklung des Protestantismus seit dem frühen 16. Jahrhunderts verknüpft ist. Kulturell und historisch bedingt, schreibt diese Ethik implizit vor, dass man verpflichtet ist, sich erst etwas verdient, sich erst etwas erarbeitet zu haben, bevor es einem erlaubt ist, den Lohn seiner Arbeit zu genießen. Diese Ethik wird förmlich mit der Muttermilch aufgesogen. Und der moderne Mensch wird in diesem Sinne erzogen. Ein Beispiel für diese Denkweise ist der Vorsatz, viele Dinge auf seinen Ruhestand aufzuschieben, den man sich ja dann verdient hat. Wenn man sich das in aller Konsequenz klarmacht, wenn man weiter so denkt und vor allem in diesem Sinne handelt, bedeutet es, dass der Tag des Genießens nie wirklich kommen wird. Im Ruhestand gibt es auch immer etwas zu erledigen. Es gibt ständig Dinge, die momentan anstehen. Da ist es ernsthaft angeraten, sich von diesem Denk- und Verhaltensmuster zumindest ein Stück weit zu lösen. Sich Freiräume und seine persönliche Autonomie zurückzuholen, ist so leicht in die Tat umzusetzen.

***

Überhaupt das Verhältnis von Leben und Arbeit, „Work–Life–Balance" genannt. Das ist eine ebenso fragwürdige Vorstellung. Ein Ansatz, der nicht trägt, weil er zu kurz greift. Er suggeriert eine Balance zum Beispiel in Form eines zweibeinigen Stuhls, oder einer Wippe auf dem Spielplatz, auf der man alleine sitzt. Das eine Bein ist die Arbeit, das andere ist das

Leben. Beide Seiten der Wippe, beide Stuhlbeine erfordern das gleiche Maß an Gewicht und Aufmerksamkeit, damit die gesamte Konstruktion stehen und stabil bleibt. Nimmt das Leben zu viel Zeit in Anspruch, kippt der Stuhl um. Lastet die Arbeit schwer auf einem, bricht alles auseinander. Es kostet eine ungemeine Kraft und Energie, auf einem solchen Stuhl zu verbleiben. Es strengt enorm an, das Gewicht auszugleichen und die aufrechte Position beizubehalten. Die „Work–Life–Balance" ist eine überstrapazierte Wunschvorstellung, der Mythos einer Perfektion, die es im realen Leben nicht gibt. Wichtiger im Alltag ist eine Gewichtung als ein Ergebnis bewusster Entscheidungen, die mal zur einen, mal zur anderen Seite getroffen werden. Letztlich stellt sich ja dann gleichzeitig die große Frage, ob sich Leben und Arbeit wirklich so strikt trennen lassen und ob ein erfülltes Leben tatsächlich nur auf diesen beiden Säulen ruht.

***

In einem ähnlichen Dilemma befindet man sich heute hinsichtlich der Form des Reisens. Das ist gleichsam widersprüchlich. Die linke Hemisphäre des menschlichen Gehirns versteht Dinge, die bewährt, vertraut und eng fokussiert sind. Wenn man etwas wissen will, Hilfe benötigt, schaut man das im Internet nach, benutzt ein Lexikon oder kauft sich einen Ratgeber. Das ist vermutlich der Grund dafür, warum man sofort losgeht und sich einen Reiseführer kauft, wenn man sich für ein Reiseziel entschieden hat. Doch die rechte Gehirnhälfte funktioniert anders. Sie strebt danach, dass der Mensch offen für frische Ideen und neue Perspektiven ist. Es ist möglich, dass das der Grund dafür ist, dass einen die Informationen aus dem Reiseführer schon bald langweilen und man ihn häufig schnell nach dem Kauf erstmal wieder auf die Seite legt. Heutzutage wird das Reisen auf der Grundlage dessen verkauft, was der rechten Hemisphäre zufolge zum Reisen gehört: Neues entdecken, andersartige Dinge kennenlernen, dem Unbekannten begegnen. Doch der Prozess heute zu reisen, entspricht eher der strukturierten Weltsicht der linken Hemisphäre. Diese Arbeitsweise unserer linken Gehirnhälfte scheint unanfechtbar zu sein. Sie kommt einem entgegen und sie ist einem so vertraut. Indem man die Welt um sich herum in einen bunten Reiseprospekt planbarer und vorprogrammierter Erfahrungen verwandelt, die dem Geist nur wenig abverlangen, vergisst man, welcher Impuls einen überhaupt erst dazu bringt, was einen antreibt, sich auf den Weg zu begeben. Es ist das grundlegende Bedürfnis, seinen Blickwinkel auf das eigene Leben ein wenig zu verändern, und vor allem über sich selbst zu bestimmen, indem man sich mit dem Unbekannten konfrontiert. Durch diesen Prozess entdeckt man immer wieder neu, was Wissen für das Leben bedeutet. Genau dieser Impuls hat bekannte Forschungsreisende des 18. und 19. Jahrhunderts angetrieben, sich auf den Weg zu begeben. Für Humboldt, Livingstone und Co., waren Reisen, Entdeckergeist und Bildung stets eng miteinander verbunden.

5. Neustart

„Der heutige Mensch liegt die meiste Zeit fest
gebettet im digitalen Aspik. Zu den
Zumutungen dieses Standes gehört, dass ständig
etwas konfiguriert werden muss. Welcher
Klingelton, welcher Bildschirmhintergrund,
welches Passwort? In diesen Entscheidungen
wurde man niemals geschult. Früher klingelte
das Telefon Ringring, die Schreibmaschine
hatte nur eine Schrift, nie musste ein
Bildschirmhintergrund ausgewählt werden. Das
ersparte der Menschheit viel
Konfiguriergrübelzeit, in der sie stattdessen
leben oder ein Buch lesen konnte. Nun, vorbei!"

(Süddeutsche Zeitung vom 12.5.15)

Wenn die Unzufriedenheit eine Antriebsfeder des
Kreislaufs aus Arbeit, Konsum und Schulden ist,
dann ist die Onlinewelt ein weiterer Brandbeschleu-
niger, der den Wahnsinn auf die Spitze treibt. Ich
bin kein Technologiefeind, weit gefehlt, ich besitze
sowohl ein Smartphone als auch einen Laptop, und
ich bin immer wieder neu fasziniert, was diese Ge-
räte auf einer technischen Ebene so alles zu leisten
in der Lage sind. Ich würde nie auf die Idee kommen,
das Internet oder die vernetzte Welt wieder abzu-
schaffen. Trotz meiner grundsätzlichen Technikbe-
geisterung schätze ich es gleichwohl, in meinem Alltag mehr Denkanstöße als Mails zu bekommen. Ich
bin ohne Internet aufgewachsen und es hat irgend-

wie geklappt. Denke ich. Ich habe mich über die Jahre zu einem ganz normalen Erwachsenen entwickelt. Heute versucht einem jeder zu erklären, dass das Internet etwas absolut Lebensnotwendiges ist, dass ein Leben ohne nicht klappt. Wie absurd.

Im Rückblick auf die Mitte der 1990er Jahre, als es mit Mail und Co. so richtig anlief, kann man nur den Kopf schütteln. Was waren wir für Phantasten. Mit Begeisterung und Überzeugung, dass sich unsere gesamte Kommunikation beschleunigen und damit vereinfachen würde. Dann, so der Irrglaube damals, ließe sich unsere Arbeit in kürzerer Zeit erledigen und wir hätten mehr Zeit für uns. Man sieht, bereits in den 1990ern gab es offensichtlich schon den Wunsch nach mehr „Slow" im Leben. Doch so kam es nicht, ganz und gar nicht. Die Digitalisierung brachte einem nicht mehr Freiheit und Freizeit, sondern verdoppelte schlicht die zu erbringende Arbeitsleistung. Wir Idioten.

Beim Einkaufen ist die Lage heute ähnlich paradox. Ständig wird man nach irgendwelchen Kundenkarten gefragt oder legt sie gleich ungefragt und bereitwillig auf das Kassenband im Supermarkt. Als Belohnung gibt es irgendwann später dann ein sinnloses Werbegeschenk oder kleinste Rabatte beim nächsten Einkauf. Es ist erschreckend, wie leichtfertig Menschen ihre persönlichen Daten herausrücken. Ende der 1980er Jahre gab es in Deutschland eine umstrittene Volkszählung, gegen die demonstriert und geklagt worden war. Dabei stellte sich die Frage, welche Daten der Staat faktisch für die Erstellung seines Zensus brauchte. Wenn man heute im Rückblick einmal nachschaut, um welche Daten es sich damals handelte, rauft man sich die Haare. Heute saugen Datenkraken wie Facebook, Twitter, Paybackkarten und Cookies auf den besuchten Internetseiten eine solche Flut persönlicher Daten, dass einem die Aufregung um die Volkszählung damals wie ein Sturm im Wasserglas erscheint. Und all das lässt man mit sich geschehen, ohne dass man es ernsthaft hinterfragt, Konsequenzen daraus zieht oder sich gar ausdrücklich dagegen wehrt. Man fragt sich da schon manchmal, welchen Sinn es hatte, dass die heute 50- bis 60-jährigen in der Schule „1984" oder „Brave New World" gelesen haben. George Orwell und Aldous Huxley wären fassungslos ob des heute mehr als fahrlässigen Umgangs mit sensiblen, personenbezogenen Daten.

***

Aus der Digitalisierung hat sich auf der sozialen und zwischenmenschlichen Ebene eine enorme Schieflage, ein krasses Missverhältnis entwickelt. Der Mensch hat mehr Kommunikation, aber weniger Menschlichkeit. Viele Zeitgenossen sind überbeschäftigt, doch gleichzeitig zunehmend isoliert. Wir Menschen verfügen über mehr Informationen, aber denken heute weniger kritisch, haben weniger Mitgefühl. Wir sind zwar privilegierter als jemals zuvor, aber trotzdem unzufriedener. Welchen Mehrwert hat eigentlich die Digitalisierung tatsächlich?

Wir sind in der Lage, uns sekundenschnell über große Entfernungen mit Familienmitgliedern oder Freunden in Verbindung zu setzen und mit ihnen zu kommunizieren. Es ist ohne große Schwierigkeiten möglich, mit meilenweit entfernten Kollegen und Fachleuten zu sprechen. Innerhalb von nur wenigen Minuten erhält man eine Antwort, die früher wochenlang gedauert hätte. Wir haben die Chance, von Experten zu lernen und uns mit allen möglichen Fachgebiete unabhängig von der Entfernung zu beschäftigen. Wir haben Zugang zu Büchern, Vorlesungen und Kursen und haben die Möglichkeit, uns Wissen anzueignen und uns darin zu vertiefen. Wir erfahren mehr über die Welt, über unser Land, über unsere Stadt und schauen über den Tellerrand hinaus. Richtig genutzt, resultiert daraus ein erheblicher Erkenntnisgewinn. Wir lernen Musik, Autoren, Bücher kennen, die uns ohne Internet verschlossen blieben. Unser Leben und unser Horizont werden durch diesen Zugang enorm bereichert.

Andererseits: Was verpassen wir, während unser Gesicht am Bildschirm klebt? Welche Erfahrungen werden dabei hinausgedrängt? Wovon haben wir weniger? Was fällt hinten runter, welches Wissen, welche Gefühle haben wir nicht mehr, weil wir derart dauervernetzt sind? Man surft im Netz, um kurz die Mails zu checken. Zwanzig Minuten später hat man seinen Kontostand gecheckt, die Nachrichten überflogen und drei neue Videos angeschaut, aber keine einzige Mail beantwortet. Diese Zeit ist unwiederbringlich weg. Man teilt Videos oder Botschaften zu aktuellen Themen mit anderen Menschen und leitet sie weiter. Es ist eine tolle Möglichkeit, persönliche Angelegenheiten anderen Menschen ins Bewusstsein zu bringen. Doch leider bleibt es meistens dabei, denn die Bewusstheit wird nicht im realen Leben umgesetzt. Viele Menschen haben das Gefühl, etwas Gutes zu tun, während sie die Welt durch einen Laptop betrachten. Aber in der Welt draußen sind Hilfsorganisationen nicht in der Lage, sich davon etwas zu kaufen. Wie häufig kommt es vor, dass man auf dem Laptop Gelesenes falsch versteht, dass es zu Missverständnissen kommt, weil nonverbale Hinweise fehlen. Bei solchen Ratespielchen geht eine Menge Zeit und Energie drauf. Man befindet sich in Dauerbereitschaft und fühlt sich dazu gedrängt, auf Nachrichten sofort zu reagieren, um bloß niemanden zu verärgern. Es gibt praktisch keine Auszeiten mehr. Je schneller man antwortet, umso eher wird der Absender bei der nächsten Nachricht eine noch schnellere Antwort erwarten. Das ständige Checken von Mails ist gleichfalls eine merkwürdige Angewohnheit. Als würde man alle fünf Minuten zur Haustür rennen, weil dort vielleicht jemand steht. Es ist ein Beispiel für unproduktives Verhalten, das als völlig normal angesehen wird. Das endlose Vergleichen in den sozialen Medien ist kraftraubend und schädlich. Entweder fühlt man sich minderwertig oder man vergleicht sich mit anderen und fühlt sich als etwas besseres. Beides ist nicht gut für das Selbstvertrauen. So oder so ist man immer nur der Verlierer dieses Spielchens und solange man eifrig mitspielt, wird man niemals Zufriedenheit daraus ziehen.

Die Auswirkungen der Digitalisierung sind aber weitaus vielschichtiger. Die medizinische Ebene hat eine erhebliche gesamtgesellschaftliche Bedeutung. Die Lösung betrifft letztlich jeden, denn über das Gesundheitssystem kommen wir alle für die Kosten der Behandlung auf. Das menschliche Gehirn ist für die Verarbeitung der enormen Datenmengen und die Fülle an Eindrücken der heutigen Zeit nicht ausgelegt. Die Ergebnisse der Forschung sind in dieser Hinsicht eindeutig. Es sind sogar neue Krankheitsbilder entstanden. „Fomo"? Es bedeutet „fear–of–missing–out" und bezieht sich auf den Zustand, dass der Besitzer eines Smartphones das Gefühl hat, etwas zu verpassen, wenn er nicht permanent einen Blick darauf wirft. „Nomophobia" heißt „no–mobile–phone–phobia". Diese Krankheit beschreibt den verzweifelten Zustand, wenn jemand sein Smartphone nicht zur Verfügung hat.

Aus den Folgen der Digitalisierung haben sich neue kommerzielle Ideen, neue Wirtschaftszweige und sogar „Antiprodukte" entwickelt. So gibt es zum Beispiel „Black–Hole–Hotels", in denen die Gäste beim Einchecken ihre Smartphones in einen Safe wegsperren und wo es keinerlei Internetverbindung gibt. Diese Hotels liegen häufig im Vier– und Fünf–Sterne–Segment und sind somit eher hochpreisig. Obendrein besteht die Möglichkeit, dass Gäste „Digital–Detox–Pakete" buchen, was soviel bedeutet wie „digitale Entgiftung". Hotelgäste werden mit vielfältigen Informationen in analoger Form versorgt, so beispielsweise mit Stadtplänen auf Papier und dergleichen. Zum Abschalten und Entschleunigen.

Es sind gleichermaßen einschlägige Bücher erschienen, ein kurzer Blick in den stationären oder digitalen Buchhandel genügt: „99 Dinge, die du offline tun kannst." Gibt es auch als elektronische Variante zum Herunterladen, wie ironisch. Wie sehr ist der Geist schon verkümmert, dass es überhaupt solcher Bücher bedarf.

Gedächtnisforscher haben herausgefunden, dass digitale und virtuelle Erfahrungen graue Löcher auf der Erinnerungszeitlinie des Gehirns hinterlassen. Das heißt, in der Erinnerung ist es so, als hätte man in dieser Zeit gar nicht gelebt, als hätte sie erst gar nicht stattgefunden. Viele Menschen haben auch ihre Fähigkeit verlernt, geistig und seelisch offline zu gehen. Psychiatrische und psychosomatische Kliniken können ein Lied davon singen. Der Onlinealltag mit seinem permanenten Drang zu kommunizieren ist überaus stressig und während man häufig körperlichen Ausgleich zu einem Bürojob sucht, indem man zum Beispiel joggt oder ins Fitnessstudio geht, vernachlässigt man seinen Geist. Den wenigsten ist bewusst, dass es nötig ist, die Informationsflut ebenfalls zu verarbeiten, man einfach mal abschalten und nichts tun muss.

Von welcher Seite aus man einen Blick auf die digitale Welt wirft, entscheidend ist nicht die Technik. Das Problem ist vielmehr, was der Mensch damit anfängt. Das ist allein die Entscheidung eines jeden einzelnen, aber letztlich beschließen die meisten Menschen, einen großen Teil ihres Lebens durch einen Bildschirm zu betrachten.

***

Was für eine ausgezeichnete Idee, eine willkommene Gelegenheit, sich wieder einmal in sein altes Reisemobil zu setzen und dem täglichen Wahnsinn in dieser fahrenden Oase für eine gewisse Zeit zu entfliehen. Ich mache es immer öfter. Ich brauche das Gefühl, Abstand zu haben von der hektischen Welt. An der frischen Luft sein, wieder in Kontakt mit den Elementen kommen. Um mich zu erden, mal wieder Boden unter die Füße zu bekommen. Dieses langsame und umständliche Leben in meinem alten Reisemobil ist ein Aufruf zum Ankoppeln und Ausklinken, alles geschieht im Vergleich fast schon in Zeitlupe, alles bekommt wieder den ihm zustehenden Wert. Ausklinken aus der digitalen Welt, ankoppeln an sich selbst. Ich schalte mein Handy zwischendurch manchmal komplett aus, wenn es mich wieder einmal nervt. Gehe nach draußen an die frische Luft. Wenn mir danach ist, besuche ich ein Café und beobachte Leute in ihrem Alltag, genieße einen Espresso und grenze mich gedanklich von meiner Umwelt ab. Ich bin raus. Ich spüre die Sonne, gehe schwimmen, betrachte den nächtlichen Sternenhimmel und ab und zu habe ich Lust, mal wieder ein ganzes Musikalbum zu hören, was ich schon eine gefühlte Ewigkeit nicht mehr getan habe. Es gibt so viele Dinge anzupacken, um seiner Dauervernetztheit zu entkommen. Das Leben in meinem Reisemobil eignet sich vorzüglich, sich zwischendurch einmal von der hektischen Onlinewelt abzugrenzen, seine eigenen digitalen Grenzen zu definieren. Ein Buch lesen, Rätsel lösen statt ständig online Nachrichten zu checken. Ich nehme mir vor, eine Stunde vor und nach dem Schlafen keinen Bildschirm vor der Nase zu haben. Ich versuche, Mails und Nachrichten immer nur dann zu checken, wenn ich auch die Zeit und die Möglichkeit habe, zu antworten. Und ich versuche, mich nicht von Mitteilungen irgendeiner App tyrannisieren zu lassen. Falls ich gerade an meinem Laptop arbeite, schalte ich WLAN und mobile Daten häufig aus und aktiviere sie nur bei Bedarf. Mir hilft es bisweilen, mich zu fragen, warum ich im Moment online gehe. Ist es Langeweile oder „Aufschieberitis", um nicht irgendetwas anderes erledigen zu müssen, worauf ich keine große Lust habe? Online zu sein ist ein absoluter Zeitfresser. Warum nicht einmal komplett offline leben und einen Selbstversuch wagen? Als Krönung bietet sich an, ein digitales Sabbatical einzulegen, egal, ob für ein paar Tage oder einige Wochen! Eine Tour mit dem Reisemobil eignet sich ausgezeichnet dazu. Je nachdem, was man beruflich macht, bedeutet das vermutlich zunächst einen hohen Organisationsaufwand. Aber eine solche Pause ist eine großartige Gelegenheit, der Reizüberflutung zu entkommen. Es werden wieder Gedanken und Gefühle in den Vordergrund rücken, die ansonsten im Unterbewusstsein verschollen geblieben wären. Ganz zu schweigen von der Erholung und Kreativität, die sich hinterher einstellen wird.

Man sollte es selbst in die Hand nehmen und von sich aus aktiv werden, sich die heutigen digitalen Verlockungen und Zeitvertreibe ein bisschen vom Leib halten. Denn so wenig sich jemand um den Schutz unserer Meere scheren wird, weil er noch nie an der See war, und sie deshalb nicht zu schätzen weiß, so wenig wird jemand für ein Leben im Offline-Modus kämpfen, wenn er nicht weiß, welche großartigen Möglichkeiten sich eröffnen.

Albert Einstein sagte einmal in Hinblick auf Eigeninitiative und wirklicher Bereitschaft zur Veränderung: „Die Definition von Wahnsinn ist, immer wieder das Gleiche zu tun und andere Ergebnisse zu erwarten."

6. Schnecken und Riesen

„Die Muße ist die Schwester der Freiheit."

(Aristoteles)

Die Slow–Bewegung ist so eine Sache. Begriffe wie Reduktion und Entschleunigung sind momentan in aller Munde, es sind schon fast Modeworte. Einerseits hat sich im Laufe der letzten Jahre eine ganze „Slow–Industrie" entwickelt. Ist das als eine wirkliche Rückbesinnung auf ursprüngliche Werte einzuordnen oder ist es vielmehr nur ein neuer, oberflächlicher Lifestyle, der von Wirtschaft und Werbung aufgegriffen worden ist, um neuen Konsum zu erzeugen? Es werden Bücher und Ratgeber darüber geschrieben und verkauft, Kurse angeboten und belegt, und es gibt „Anti–Produkte", wie das „Black–Hole–Hotel". Tappt man nicht schon wieder in eine neue Falle? Sitzt man unter Umständen erneut einem Trugschluss auf, dem man eigentlich vorhat zu entfliehen?

Andererseits denken heutzutage viele Menschen durchaus kritisch darüber nach. Das ist der Punkt, um den es sich dreht. Die eigenen Beweggründe, die eigenen Denkmuster und das eigene Handeln zu hinterfragen. Manchmal kommt man sich dabei vor wie jemand, der sich nach der „guten alten Zeit" sehnt, rückwärtsgewandt lebt, ein „Höhlenmensch" ist. Aber letztlich ist das egal, sollen die Leute doch denken, was sie wollen! Es fühlt es sich gut und richtig an, sich ein bisschen Abstand zu verschaffen, gedanklich und gleichwohl physisch in Form von kleinen Fluchten mit dem Reisemobil. Mein Bauchgefühl hat mich bislang im Leben nur selten im Stich gelassen.

Zentral im Alltag ist eine persönliche Gewichtung als Summe bewusster Entscheidungen, die mal zur einen, mal zur anderen Seite getroffen werden. Langsamkeit, Reduktion und Verzicht auf Konsum bedeuten ja nicht, nichts mehr zu kaufen oder nicht mehr online zu sein. Der Rückzugsgedanke bedeutet nicht zwangsläufig, sich von anderen Menschen zurückzuziehen, obwohl das durchaus manchmal nötig ist. Vielmehr geht es darum, zwischen sich und den ungeschriebenen Regeln und Mechanismen der Konsumwelt ein wenig Abstand zu schaffen.

Carlo Petrini, 1989 Begründer und Initiator der Slow–Food–Bewegung, vergleicht den Slowgedanken mit Schnecken, um zu verdeutlichen, dass jeder Mensch seinen eigenen Lebensrhythmus finden muss, der ihn zeitlich nicht einengt. Schnecken sind nicht nur langsam, sondern sie stellen ihr Wachstum genau in dem Moment ein, wenn sie zu groß für ihr Schneckenhäuschen werden. Schnecken kennen ihre Grenzen, Menschen hingegen nicht.

Diese Idee ist aber ebenso mit den Fabelwesen der Riesen vergleichbar. Trotz ihrer Größe und Stärke strahlen sie eine enorme Würde und Autorität aus, nichts erschüttert sie. Sie leben normalerweise nach komplett anderen Regeln als Menschen, lassen sich weder hetzen, noch sonst wie aus der Ruhe bringen. Nicht zuletzt stehen sie häufig für einen Kampf gegen überholte und als nicht mehr tragfähig erachtete Denk- und Handlungsweisen oder sind gar Antagonisten einer von den Menschen vertretenen Ordnung.

Der ehemalige SPD–Vorsitzende, Franz Müntefering, mahnte einmal in einem Interview an, Tempo herauszunehmen. In der Demokratie müssten Dinge diskutiert und Entscheidungen getroffen werden. Das brauche Zeit, er spricht von einer „menschenwürdigen Geschwindigkeit", die es aber immer weniger gäbe. Doch die ungeduldigen Bürger weigerten sich, das wahrzuhaben.

Man ist gut beraten, sich gegen Denk- und Handlungsweisen zu wehren, die den Schwerpunkt der Verwertung der Zeit allein auf ökonomische Gesichtspunkte legen. Slow bedeutet eine Anweisung an sich selbst, diese Entscheidung konkret zu treffen. Raus aus dem Hamsterrad, zurück in die Gegenwart und eine Rückbesinnung auf Ziele, die lohnenswert sind. Wenn sich das Leben nur darum dreht, als robotisierter Mensch in einer digitalen Welt zu funktionieren, dann wird es höchste Zeit, sich zu verweigern. Es ist erforderlich, zu lernen, sein Leben langsamer und bewusster zu gestalten, um innerlich aktiv und lebendig zu bleiben. Ruhe zum Nachdenken und Innehalten und die Wertschätzung des Lebens dürfen nicht auf der Strecke bleiben. Dabei hat die Langsamkeit heutzutage ein ausgesprochen negatives Image. Wenn hunderte Dinge innerhalb von wenigen Sekunden technisch möglich sind, haftet der Trödelei der Makel der Faulheit an. Aber genau darauf muss man pfeifen, „eine individuelle Verweigerungsstrategie ist heute überlebensnotwendig", so der Zeitforscher Hartmut Rosa.

Es ist nicht immer leicht, ein für sich stimmiges Verhältnis von Tätigkeit, Beschäftigung einerseits, und von Nichtstun und Ruhe andererseits zu finden. In jedem Fall ist es aber sinnvoll, der äußerlichen Geschäftigkeit immer wieder mal eine gehörige Portion Ausgleich entgegenzusetzen. Eine solche Balance heißt dabei vor allem Absicht. Das ist eine klare Definition, die nicht einengt. Die Vorstellung einer Balance, die Richtigkeit statt Gleichheit in den Vordergrund rückt, die eigene Handlungsmacht in Gegensatz zu Vorschriften setzt, gibt einem wichtige Impulse für die Sicht auf das Leben. Die Kunst des langsamen Lebens besteht darin, sich die Herrschaft über seine eigene Zeit zurückzuerobern.

Viele Menschen verwenden mehr Zeit darauf, sich Gedanken darüber zu machen, wie sie ihre Lebensdauer verlängern, anstatt die Lebensqualität zu verbessern. Als ob es wichtiger wäre, sein Leben in messbarer Zeit zu verlängern, als sein eigentliches Leben zu führen. Im Leben und beim Reisen geht es nicht um Dauer oder Entfernungen. Es ist die Intensität des Erlebens, die zählt. Je mehr man sich darauf einlässt, desto länger wird es einem vorkommen. Die Anfänge dieser Philosophie finden sich in der Slow–Food–Bewegung. Sie wurde zum Ausgangspunkt einer ganzen Lebensphilosophie. Ihre wachsende Popularität ist ein Zeichen dafür, dass sich eine neue Denkweise zu verbreiten scheint, die sich für einen ausgewogeneren Ansatz einsetzt als denjenigen, der die heutige Lebensweise seit langem dominiert.

***

Über die Vorstellung von einem „guten Leben",
dem Streben nach Glück wird dabei schon seit Jahr-
hunderten philosophiert und nicht wenige Menschen verbinden diese Gedanken mit Epikur, der
schon zu Lebzeiten durchaus umstritten war. Das
Worauf–Man–Verzichten–Kann spielte in dieser
Hinsicht schon immer eine große Rolle in den Leh-
ren des Glücks, wobei Epikurs Begriff des Glücks im
heutigen Sinne eher als Zufriedenheit zu definieren
ist.

An dieser Stelle sei gleichfalls der fast schon pro-
minente Diogenes erwähnt, der aus purer Genuss-
sucht in einer leeren Tonne lebte. Den Verzicht auf
alltägliche Dinge in der stoischen Philosophie, wie
auch den Verzicht auf einen Trinkbecher, fasste Diogenes nicht als Verlust auf, sondern als Mehrwert,
der ihn mehr genießen ließ.

Epikur war ein leidenschaftlicher Denker – und
zwar im Sinne des Glücks und des guten Lebens
selbst, nicht um der Wissenschaft willen. Dieses
Denken im Dienste des Glücks war für ihn der wichtigste Aspekt der menschlichen Existenz. Er sagte:
„Wir sind einmal geboren; es gibt keine zweite
Geburt. Wir werden nach unserem Tod nicht mehr
existieren – in alle Ewigkeit nicht. Und doch achtet
ihr nicht auf das Einzige, was ihr habt: diese Stunde,
die ist. Als ob ihr die Macht hättet über den morgi-
gen Tag! Unser Leben wird ruiniert, weil wir es

immer aufschieben – zu leben. So sinken wir ins Grab, ohne unser Dasein recht gespürt zu haben." Der römische Dichter Horaz presste seine Worte in die berühmte Wendung „Carpe Diem!" – Nutze den Tag!

Epikur war weit mehr als ein Philosoph in seinem Garten bei Athen, in dem er mit vielen Freunden und Wegbegleitern lebte. Er war auch weit mehr als ein antiker Pädagoge oder Psychologe, der erste Schritte in der Analyse und der Erforschung des rätselhaften Phänomens Glück unternahm. Aus heutiger Sicht erscheint er auf vielfältige Art und Weise als ideengeschichtlicher Vorreiter unserer Vorstellungen von Entschleunigung und Reduktion. Für Epikur kam alles darauf an, dass der Mensch, der heute und hier lebt, glücklich lebt. Der Mensch sei nicht da für einen Gott und seine Kirche und nicht für einen Staat und nicht für eine Aufgabe der großmächtigen Kultur. Er sei da, um sein einziges, einmaliges Leben mit Glück zu füllen. Der verstorbene Showmaster Harald Juhnke hat dies einmal in seiner ganz eigenen und speziellen Art auf den Punkt gebracht, als er gefragt wurde, was seine Vorstellung von Glück sei: „Keine Termine und leicht einen sitzen!" Epikur hätte ihm wohl zugestimmt und vermutlich auch mit ihm darauf angestoßen.

***

Ein Großteil des Lebens spielt sich in einem Bereich ab, den man zwar nicht als absolut glücklich bezeichnet, in dem man sich aber gleichwohl nicht todunglücklich fühlt – normal eben. Wenn man es so sieht, wohin führt dann dieses Streben nach einem Glück, auf das man ja ohnehin keinen wie auch immer formulierten Anspruch hat? Das kann nicht klappen und tragen kann dieser Gedanke schon gar nicht. Für viele Menschen gilt die Zufriedenheit als die kleine, schwächere Schwester des Glücks. Sie ist zweitklassig, durchschnittlich, traurig und bisweilen langweilig. Wieso sich mit Zufriedenheit begnügen, wenn man Glückseligkeit erreichen könnte? Freude? Verzückung? Auf der Suche nach diesem Glück, indem viele Leute versuchen, den Wunsch nach rascher Genugtuung und immenser Freude in sich aufzusaugen, stürzen sie sich häufig kopfüber in den Konsum, in die Vergleiche, in ein Anspruchsdenken und ein Wettrennen mit stets präsenten, aber niemals ehrlichen Vorbildern. Ähnlich sieht es auch der Buddhismus, obgleich er diese Gedanken auf andere Weise formuliert. Nicht 100% und mehr von allem sind der Maßstab, sondern 80%. Man mag jetzt einwenden, dass das nicht gerade beträchtlich ist, doch reicht dieser Wert vollkommen aus, um sein Leben in einen zufriedenstellenden Zustand zu bringen.

Zufriedenheit bedeutet Akzeptanz und Ruhe inmitten eines ewigen Wollens. Wenn man sich für die Zufriedenheit entscheidet, wetteifert man mit niemandem mehr. Das Wettrennen hört einfach auf. Wenn man sich das bewusst vor Augen hält, erlaubt man sich, die Dinge so anzunehmen, wie sie sind – sich selbst eingeschlossen. Nicht ständig nach irgendetwas zu streben heißt, dass die jeweilige Person, der jeweilige Ort, die jeweilige Erfahrung oder Beziehung genügen. Das Hier und Jetzt reicht vollkommen aus.

***

Vom Reisen erhoffen sich viele, zwischendurch dem Alltag und dem allgegenwärtigen Zeitdruck zu entkommen. Und so steigen sie in ein Flugzeug, um schnell anzukommen, alles ist durchgeplant, alles ist durchgetaktet. Sie haken Listen an Sehenswürdigkeiten ab, legen sich neben andere Touristen an den Strand und fühlen sich am Ende seltsam unzufrieden, wenn sie wieder zu Hause sind. Selbst im Urlaub streben viele Menschen nach Effektivität und Zeitmanagement. Die Grenzen zwischen Arbeit und Freizeit werden auf diese Weise immer fließender. Doch hier gibt es gleichwohl einen Gegentrend. Der englische Reisejournalist Dan Kieran schreibt: „Wann immer es geht, nehme ich die langsamere Route, weil sie der Reise und den Orten, die ich besuche, eine viel größere Bedeutung verleiht, als wenn ich einfach über das Meer fliege – auch wenn das viel effizienter sein mag. Vor allem aber verändert das langsame Reisen die Art und Weise, wie mein Verstand die Welt interpretiert." Und weiter stellt er fest: „Das langsame Reisen nagt an dem Gebilde der nationalen Identität und die Grenzen zwischen den Nationen offenbaren ihre Unbeständigkeit."

So ist es auch im übertragenen Sinn, wenn man mit einem Reisemobil auf Tour geht. Erreicht man eine andere Gegend oder eine fremde Stadt, verändert sich das Gefühl, nicht nur für das Reiseziel, sondern in gleicher Weise zu einem selbst. Mein Reisemobil entführt mich und entrückt mich dem Rest der Welt, einer Warenwelt, diesem Theater, das auf Kaufen und Besitzen gedrillt ist. Da ich für gewöhnlich eher im Schneckentempo unterwegs bin, ist es für mich förmlich spürbar, dass ich auf dem Weg in eine andere Welt bin, ich mit dem Losfahren eine

Grenze überschritten habe, die letzte Landleine gekappt habe. Ich bleibe zwar physisch derselbe, aber mein Gedankengebilde löst sich von meinem Alltag und fokussiert sich auf den Weg und das Reiseziel. An einem solchen Ort werde ich in einem unbekannten Kontext anders und neu wahrgenommen, nicht als jemandes Sohn oder Freund, sondern als ich selbst. Und ich schaue zu, wie sich die Welt öffnet, sich mir die Chance eröffnet, mich mit neuen Menschen und Orten jenseits meines Tellerrandes in Verbindung zu bringen. Je mehr ich loslasse, desto mehr kommt mein Nomadenherz zum Vorschein.

Ein Haus vollgestopft mit irgendwelchem Kram, Krempel und Einrichtungsgegenständen, Kalender prall gefüllt mit Terminen und Verpflichtungen, ein Konto voller Schulden – alle diese Dinge wiegen schwer und schieben Reisen und Abenteuer gefühlsmäßig in unerreichbare Ferne. Je mehr man sich von dem ganzen Ballast befreit, desto freier fühlt man sich umherzuziehen. Es bedarf keines großen teuren Urlaubs im Ausland, eine kurze Tour mit dem Reisemobil genügt völlig. Ich liebe es, neue Strände oder unbekannte Flussufer zu erkunden. Hauptsache, es ist Wasser in der Nähe und wenn es warm genug ist, stecke ich meine Füße hinein.

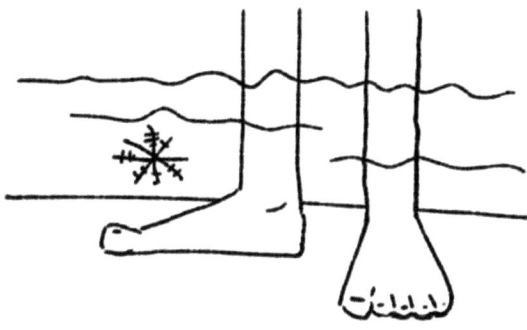

Ich bin draußen in der Natur und der Wind weht mir um die Nase – mehr brauche ich nicht. Ich ziele mehr auf Ruhe und Frieden. Ich nutze das Reisen mit meinem Reisemobil, um näher an die Natur zu rücken, um andere Kulturen kennenzulernen, neue Erfahrungen zu machen und vor allem, um mich an eine langsamere Gangart zu gewöhnen. Ich bleibe lieber einmal länger an einem Ort, als ständig herumzuziehen. Auch wenn einem das wie eine vergeudete Chance vorkommt, gehe ich lieber in die Tiefe als in die Breite. Das Ergebnis ist, dass ich mit dem Gefühl unterwegs bin, etwas entdeckt zu haben, was ich sonst womöglich nicht gefunden hätte. Zum Abtauchen in einen Ort oder in eine Landschaft braucht es nicht einmal einen Reisepass, keine Unmengen Geld, kein teures und schickes Reisemobil oder unbegrenzt Zeit. Nur die Bereitschaft, weniger Plätze, dafür aber mehr von ihnen zu sehen.

7. Größen und Mengen

„Der einzige Reichtum ist das Leben."

(Henry David Thoreau (1817-1862),
US-amerikanischer Philosoph und
Schriftsteller)

Menschliche Gehirne entsprechen aus Sicht der Ent-
wicklungspsychologie bis heute denen eines Höh-
lenmenschen. Damals war es wichtig für das Überleben, Nahrung und andere Dinge zu sammeln und zu
horten, da nicht ständig alles Erforderliche zur Verfügung stand. Es bestand die zwingende Notwendigkeit, das nackte Überleben zu sichern. Bis in die heutige Zeit denkt und handelt der Mensch so. Überfluss, Horten und Sammeln sind in der heutigen Gesellschaft aber gleichwohl unnötig. Es steht immer
alles zur Verfügung. Verlangsamen und Vereinfachen dreht sich aber nicht allein um die Idee des blo-
ßen Entrümpelns. Das Loslassen alles Überflüssigen
ist zwar ein wesentlicher Teil des Entschleunigens,
doch dieser Gedanke ist auf keinen Fall gleichzuset-
zen mit der allgemeinen Vorstellung von Minimalismus. Viele Menschen lassen sich von der Idee „Wie
Minimalismus richtig geht" derart verrückt machen,
dass sie im Grunde die alten Vergleiche und Wett-
läufe durch neue ersetzen. Ein entschleunigtes und
reduziertes Leben ist nicht gleichbedeutend mit dem
reinen Entsorgen oder Ausmisten von irgendwel-

chen Besitztümern, wohl aber mit Absicht und Aufgeklärtheit. Das ist ein grundlegender Unterschied.

Im Grunde stellt die Tatsache der unbegrenzten Verfügbarkeit die aktuelle, auf Kaufen angelegte Welt auf den Kopf. Und mich in die Ecke. Ich bin ein verrückter Aussteiger, ein Verweigerer, durchaus abwertend gemeint. Genau das bin ich nicht. Ich bin kein Aussteiger, nur weil ich mir meine Autonomie zurückhole. Aus Angst oder aus Schuldgefühlen klammern sich viele Menschen an den Überfluss. Sie kaufen weiterhin Dinge, um damit Lücken in ihrem Leben zu füllen. Bis heute verwenden viele den Besitz von Gegenständen zur Identifikation ihres Ichs. Doch all das ist vielen Leuten über den Kopf gewachsen. Über ihre Bedürfnisse, über das, was genug ist, maßlos. Ich lasse mir keine Schuldgefühle einreden, nur weil ich mich diesem System ein wenig entziehe.

Trotz meiner Neigung, mich vielen Trends zu widersetzen, konsumiere ich und muss es auch. Ich lebe in keiner Selbstversorgung, die jeglichen Konsum verteufelt. Das wäre weltfremd und töricht. Die Frage ist, wie man konsumiert. Deshalb bin ich eben kein Aussteiger, sondern ich bin mir bewusst, dass sich mein Leben im Heute abspielt. Ich bin gehalten, für meinen Lebensunterhalt zu sorgen, muss dafür Dinge kaufen. Das gilt insbesondere für mein altes Reisemobil, an dem ständig irgendetwas in Ordnung zu bringen ist. Der entscheidende Punkt ist, dass man das bewusst angeht und man sich damit seine Autonomie und Freiheit zurückholt und sie möglichst behält.

Um sich diesem ewigen Kreislauf zu entziehen, ist es nötig herausfinden, was das Wichtig–Nehmen lohnt und was einem entbehrlich erscheint. Man benötige nicht das Allerneueste von irgendetwas. Damit erschließt sich eine neue Ebene der Zufriedenheit. Man sollte viele Dinge weniger wichtig nehmen, versuchen, Trends zu hinterfragen und auf diese Weise sein Eigentum und damit sein Ego weniger wichtig nehmen. Ebenso kann das Teilen von Ressourcen mehr in den Vordergrund rücken. Wenn man an einem alten Reisemobil etwas zu reparieren hat, dreht es sich eben genau darum. Man benötigt dann womöglich ein spezielles Werkzeug für diese Arbeit. Ich kaufe es dann aber nicht, nur weil ich es momentan brauche und die nächsten Jahre vermutlich nicht mehr. Ich versuche, es mir zu leihen, und verleihe andersherum Werkzeuge, die jemand benötigt, aber nicht hat. Dieses „Teilen statt Besitzen" erspart einiges an Anschaffungen. Es schont den Geldbeutel und stärkt die Beziehungen zu seinen Mitmenschen. Man konzentriert sich mehr auf die Dinge, die man besitzt, und schätzt sie mehr wert. Ein solches Herangehen legt mehr Wert auf die Qualität der Dinge, die man anschafft. Wenn man kauft, dann nur einmal, dann aber in der bestmöglichen Qualität. Die Gedanken fokussieren sich wieder auf das Notwendige und auf die eigenen Prioritäten. So hat sich in der letzten Zeit herausgestellt, dass mir persönlich gutes, gesundes Essen und hochwertige Lebensmittel immer wichtiger werden. Das ist natürlich gleichermaßen dem Umstand geschuldet, dass ich als Diabetiker auf meine Ernährung zu achten habe. Nachhaltig ist es dazu.

***

Wind ist an der Küste allgegenwärtig. Ich öffne die Tür meines Reisemobils und bemerke ihn sofort. Er weht mir um die Nase, ich spüre seine Kraft in meinem Gesicht und manchmal habe ich sogar Schwierigkeiten, überhaupt aus der Tür zu kommen, so kräftig bläst er. Es braucht dann schon einiges an Muskelkraft, sich gegen ihn zu stemmen, um die schmale Tür zu öffnen. Er ist nie weg, windstille Tage gibt es am Meer praktisch nicht.

Als Kind der Küste ist der Wind für mich ständiger Begleiter. Wenn man sich daran begibt, sich mit dem Segeln zu beschäftigen, und das geschieht an der See schon fast automatisch, bekommt der Wind einen herausgehobeneren Stellenwert. Man betrachtet ihn mit anderen Augen, denn er ist das bestimmende Element für diese Art der Fortbewegung und des Reisens. So ist es nicht weiter verwunderlich, fast schon folgerichtig, dass der englische Admiral Sir Francis Beaufort in der Mitte des 19. Jahrhunderts diese Naturgewalt definiert hat. Er ordnete dem Wind insgesamt 12 Stufen zu, die bis heute das Maß aller Dinge sind. Sei es in der Wetterkarte der Nachrichten, in Segelbüchern oder sonst wo.

Aber was heißt definiert. Diese Beaufort–Skala ist mehr, weit mehr. Sie ist in einer kleinen Tabelle abgedruckt, die aus drei Spalten besteht. Links sind die Windstärken von 0 bis 12 angegeben, in der Mitte werden entsprechende Windgeschwindigkeiten zugeordnet und rechts die Wirkungen jeder Windstufe. So bedeutet Beaufort 0 „Windstille" und „Rauch steigt senkrecht empor", bei Beaufort 2, „leichter Brise", ist „der Wind am Gesicht fühlbar, Blätter säuseln." Als ich mir irgendwann einmal diese Skala näher angeschaut habe, war ich verdutzt und überrascht. Ich spürte förmlich den Wind im Gesicht und ich hatte sofort ein Haus mit einem Kamin in meiner inneren Vorstellung vor mir, aus dem Rauch senkrecht emporstieg. So etwas hatte ich bislang nicht gelesen. Ich war erstaunt und fast schon ergriffen von der Sparsamkeit und der Ausdruckskraft dieser Skala. Der Wind wird sprachlich wie in einem Reagenzglas auf seine Grundbestandteile eingedampft und reduziert. In dieser Skala findet sich ein Höhepunkt sprachlicher Präzision, sie ist Ausdruck eines knappen, klaren und absolut anschaulichen Sprachgebrauchs. Beaufort belegt mit ihr, dass der Einfluss, den die Sprache darauf hat, wie der Mensch die Welt wahrnimmt, weitreichender ist, als man denkt. Man ist abhängig von den Vorstellungen und Konzepten, die eine Sprache auszudrücken vermag. Ihre Begriffe bereichern das Bewusstsein von der Welt, und ihre Verbreitung verdankt man einer vergleichbaren Reduktion und Entschleunigung, wie sie in Beauforts Skala zu finden ist. Wenn man langsam lebt oder reist, hat man die Zeit, so etwas zu bemerken und darüber nachzudenken, während diejenigen, die durch die Welt eilen, sich auf das Bekannte und Zweckmäßige beschränken. Ich habe nicht genau nachgezählt, aber die Beschreibung aller Windstufen umfasst etwas mehr als 100 Wörter. Ich hatte das Gefühl, ein kleines Juwel entdeckt zu haben, das der heutigen Zeit trotzt. So herrlich altmodisch, karg und reduziert.

***

Ich bin gerne unterwegs und bisweilen auch dauerhafter, aber nie ununterbrochen. Mal hier zwei Tage, ein langes Wochenende, früher immer möglichst die ganzen Ferien. Ich mache mich aus dem Staub, wann immer es möglich ist. Raus aus der Wohnung, der Stadt, dem Gewusel und dem Lärm. Heute addieren sich meine Touren und Auszeiten häufig auf einige Monate.

Ich brauche wenig Bekleidung, sei es in meiner Wohnung oder an Bord meines Reisemobils. Wenn einmal etwas fehlt, dann friert man eben ein wenig, insbesondere im Frühjahr und im Herbst, wenn es schon wieder kälter wird und feucht. Bringt einen nicht gleich um. Was schmutzig ist, wird gewaschen und in den Wind gehangen, fertig. Es gibt Tage, da sieht es auf dem Platz rund um mein altes Reisemobil aus wie auf einer Flaggenparade.

Restaurantbesuche sind immer so eine Sache. Vom Frühjahr bis in den Herbst bekomme ich in ihnen häufig Beklemmungen. Drinnen, wegen der stehenden Luft und des fehlenden Windes. Habe ich erst einmal eine gewisse Zeit im Freien verbracht, fühle ich mich in geschlossenen Räumen unwohl. Mir fehlt etwas. Menschen, die zu lange unterwegs sind und selbst über ihren Weg und ihren Aufenthaltsort entscheiden, bekommen Atemnot, wenn sie wieder in die modernen Kartons zurückkehren. Insbesondere dann, wenn dort ihre Schreibtische zu finden sind. So ausgiebig ich mich reduziere und auf gewohnte, gängige Dinge verzichte, desto mehr Freiraum anderer Art gewinne ich.

Wenn ich mein Reisemobil für eine Reise vorbereite, genügt mir ein gefüllter Klappkorb, dessen Inhalt ich vor Fahrtantritt in die Staufächer verteile. Am Ende der Tour stelle ich dann oftmals fest, dass in dem Klappkorb sogar mehr Dinge steckten, als ich gebraucht habe. Ich nehme immer wieder zu viel mit. So ergeht es auch Menschen, die in den Urlaub fahren. Sie sind nicht in der Lage, sich vor ihrer Abreise zu trennen. Wer weiß, was man braucht. Vieles davon landet am Ende der Reise wieder ungebraucht und frisch gebügelt zu Hause im Schrank. Wie sehr der Mensch doch an Dingen hängt. Erst auf Reisen ist der Mensch gehalten, sich von seinen Sachen zu trennen und eine Auswahl zu treffen. Er selektiert, und das unterliegt gewissen Überlegungen und Zweckbestimmungen. Das ist ein Problem. Der Mensch hadert und nimmt meist zu viel mit – und viele kaufen im Urlaub sogar dazu. In einem Reisemobil ist diese Frage der Reduktion noch etwas heikler. Man merkt ausgesprochen schnell, dass alles Überflüssige nur im Weg ist, nervt und man gerne darüber stolpert.

Je mehr Zeit ich in meinem alten Reisemobil verbringe, je länger die Tage, Wochen und Monate sich dehnen, desto reduzierter gerät meine Auswahl an Dingen, die mit an Bord dürfen. Und es gibt nichts Herrlicheres, als bald nur noch von jenen Dingen umgeben zu sein, die ich brauche oder mir am Herzen liegen. Diese Sachen, egal was es ist, sie gewinnen an Wert. Sie sind irgendwann wie Weggefährten auf meinen Reisen.

Ähnlich verhält es sich mit Büchern, Filmen und Rätselheften. Das erfordert, sorgfältig auszuwählen und zu reduzieren, da der Platz begrenzt ist. Außerdem tragen Bücher und Zeitschriften schwer. Wer aber schon einmal im Dauerregen oder in einem Sturm einige Stunden oder gar Tage in seinem Reisemobil verbracht hat, weiß, wovon ich spreche. Es kann erbärmlich lang werden. Diese Bücher wählst du sehr gewissenhaft und sorgfältig aus. Der Auswahlprozess ist ein kontinuierliches Eindampfen und Herabkochen des Suds, bis sich die Spreu vom Weizen getrennt hat und alles Unnötige verdampft ist. Mein altes Reisemobil mag keine Anhäufung von Unnützem. Ganz offen erklärt es mir, dass ich zur Hölle fahren möge, wenn ich es zu schwer und träge belade, indem ich lauter dummes Zeug anschleppe.

Es ist befreiend, mit wenig auszukommen. Von Zeit zu Zeit ist es erforderlich, dass ich etwas improvisiere und tüftle, aber es findet sich immer eine Lösung. Und es macht Spaß. Man verliert auf Touren gerne an Gewicht, auf vielfältige Weisen. Aber das schadet ja nicht.

***

Es ist nicht ganz einfach, den Lebensraum meines Reisemobils zu ermitteln. Überall gibt es Ecken und Kanten, Staufächer unter der Decke und unterhalb der Sitzbänke, es gibt Regale und Hängetaschen. Alles dient einem Zweck. Es gibt keine Möbel, wie man sie aus Häusern kennt, ebenso gibt es praktisch keine Dekoration. In Wohnungen sieht das anders aus. Die Zimmer sind geradlinig zugeschnitten, meist rechtwinklig, manchmal mit einer Schräge oder einem Balkon, und es ist nicht schwer, die Quadratmeterzahl zu bestimmen. Und schon hat man die Miete.

Was macht Lebensraum eigentlich aus? Die reine Größe kann es nicht sein, denn jedes Mal, wenn ich nach einer Tour mein Reisemobil wieder verlasse, bin ich mir bewusst, dass mir sehr bald etwas fehlen wird, dass ich etwas Wesentliches vermissen werde. Es ist die Einfachheit und die Schlichtheit, die einem in einem Reisemobil das Gefühl gibt, nicht von unnötigen Dingen umgeben zu sein. Reduktion. Jedes Mal, wenn ich von einer Tour kommend wieder in die Stadt fahre, merke ich, wie viel von allem es in solchen Ansammlungen von Häusern und Menschen gibt. Shops, Bäckereien, Supermärkte, Leuchtreklamen, Tankstellen, Mobilfunkmasten, alles Mögliche. In mir macht sich sofort das traurige Gefühl breit, dass ich bald mein rollendes Refugium, mein fahrendes Heilmittel, wieder zu verlassen habe, und ich in eine Welt zurückkehre, die überwiegend von Hektik, Geschrei und Überfluss geprägt ist.

An Bord hat alles seinen Platz. Ich weiß in etwa, wie viel ich verbrauche und wann ich mich wieder mit etwas versorgen muss. Kaffee, Milch, Wein, Bier, Grappa, Brot, Butter, Marmelade. In der Pantry gibt es einen kleinen Gasherd und in den beiden schmalen Schränken darüber findet sich alles, was ich zum Kochen brauche. Salz, Pfeffer, Olivenöl, Gewürze, Teller, Tassen. In den Schubladen darunter lagern eine Handvoll Besteck, der Flaschenöffner und alle anderen Utensilien, die ich für mein mobiles Kochen brauche. Eine kleine Pfanne und zwei Töpfe sind ebenfalls dabei. Mehr benötige ich nicht. Ich habe noch nie etwas vermisst. Der Frischwassertank unter der Sitzbank der Dinette fasst 120 Liter, der Boiler zusätzliche 10 Liter. Gehe ich sparsam damit um, reicht das für mehr als eine ganze Woche.

Wie viele Quadratmeter mag mein Reisemobil nun haben? Ich habe keine Ahnung, denn viele Dinge haben einen doppelten Nutzen. Wie zähle ich den? Die drehbaren Vordersitze des Fahrerhauses werden zu Sitzmöbeln, die Sitzbänke sind zu einem bequemen Bett umzubauen, das Staufach darunter dient als „Keller" für Proviant, wenn wir bei den Begriffen einer Wohnung bleiben. Zählt die Außendusche zur Berechnung der Quadratmeterzahl dazu, und wenn ja, wie? Mir fällt auf, wie sorgfältig der Innenraum eines Reisemobils geplant wird. Die Konstrukteure haben diesen Raum so effektiv wie möglich genutzt, nichts geschieht hier schnell und gedankenlos. Wie viel sind es jetzt? An Platz, an Lebensraum? Keine Ahnung, es sind ohnehin nur Ziffern und Zahlen. Ohne große Bedeutung.

Denn jetzt kommen die Spinner, die Irren, die Träumer an die Reihe. Sie sehen die Freiheit des Unterwegsseins, saugen die frische Luft in sich auf, hören das Meer und den Wind. So etwas ist unmöglich in irgendwelchen Zahlen zu messen, denn es ist ohne Bezugsgröße, ohne Maßstab. Quadratmeterzahlen sind etwas für Mathematiker, Ingenieure oder Juristen, die alles in Schablonen und Vorschriften pressen. Für mich liegt die Wahrheit dazwischen, zwischen beengten, spartanischen Lebensverhältnissen und einem ungeheuren Lebensgefühl, dessen wesentlicher Bestandteil eine nicht in Ziffern und Buchstaben messbare Freiheit ist. Albert Camus hat einmal geschrieben: „Ich geize mit jener Freiheit, die verloren geht, sobald der Überfluss an Gütern beginnt. Der größte Luxus hat in meinen Augen nie aufgehört, eins zu sein mit einer gewissen Blöße." Mein altes Reisemobil ist dafür nicht das schlechteste Vehikel. Ich verlasse mit ihm das Koordinaten-system meiner angestammten und hergebrachten Gewohnheiten und mit ihm lasse ich die großen An-sammlungen hinter mir.

***

Auf einem betagten Segelboot oder in einem alten Reisemobil, überhaupt mobil zu leben, ist keine Fra-ge des Geldbeutels und auch keine Frage der Größe oder des Typs, mit dem man unterwegs ist. Es gibt Reisemobiltypen aller Ausstattungskategorien und Altersklassen wie Sand am Meer. Für jeden gibt es das passende Modell und die passende Größe zum passenden Preis.

Kastenwagen sind momentan besonders beliebt. Es hat sich sogar ein eigener Begriff etabliert, „Van Life". Klingt toll. Diese Bezeichnung ist jugendlich und frisch, und wer strebt letztlich nicht danach, so zu sein? Über Blogs, soziale Medien und die Werbung wird hier ein Lebensgefühl inszeniert, um diese Fahrzeuge zu verkaufen. Wenn man aber einen ganzen Winter auf Sizilien, an der Algarve oder im Süden Spaniens in solch einem Gefährt verbringt, erfährt man schnell die Grenzen. Ein bisschen mehr Platz bei Regen und kühlen Temperaturen ist gar nicht so schlecht, Image hin oder her. Ähnliches gilt für Campingbusse. Das sind schicke Fahrzeuge, vor allem die betagteren Modelle, die einen an frühere Zeiten erinnern. Mit solch einem Mobil unterwegs zu sein zeigt allen: „Schau mal her, wie klein und einfach, aber doch modern ich lebe!" Sie haben sich zu Statussymbolen entwickelt, um mit ihnen in einen Wettlauf einzusteigen, um was auch immer. Wer kann am kleinsten, wer kann noch einfacher, wer kann schicker? Genau das ist der Wettlauf, den viele gerne zu vermeiden suchen. Sich lösen von solchen Schubladen, diesem Statusdenken und vor allem von der Werbung, die nicht ein Reisemobil zeigt, sondern nur ein erstrebenswertes Lebensgefühl. Sich anschauen, was ein Reisemobil bietet, was es kostet, wie viel Platz es für unterschiedliche Bedürfnisse zur Verfügung stellt, was genau unternommen werden soll – das sind letztlich die entscheidenden Punkte. Und sie gehen einher mit Emanzipation. Man ist häufig überrascht, was alles möglich ist, wenn man sich auf das Wesentliche beschränkt.

Man kennt sie von Fahrten auf der Autobahn, oft in beige oder in einem verschmutzten Weiß mit altertümlichen und verwitterten Seitenstreifen. Alte Reisemobile. Wenn ich es recht betrachte, ist mein Weggefährte optisch nicht unbedingt ansprechend. Der Aufbau steht deutlich hinter der Hinterachse über und die gesamte Heckpartie ist würfelig, die Rückleuchten sind im Vergleich dazu zu klein geraten. Hinten hängt ein angebauter Koffer, der alles das aufzunehmen hat, was nicht in den unterdimensionierten Stauraum unter der Koje passt. Das gesamte Gefährt wirkt dadurch unförmig und behäbig. Der Möbelausbau ist in einem dunklen Holzton gehalten, der altbacken wirkt, mich aber an ein Schiff erinnert. Ursprünglich hingen neben den Fensterscheiben geschmacklose und kitschige Attrappen von Übergardinen, die ich sofort entsorgt habe. Übrig geblieben sind leicht cremefarbene Gardinen an den Scheiben. Die sollten ursprünglich ebenfalls den Weg alles Irdischen gehen, aber leider sind sie für den Sichtschutz unabdingbar. Die Polster passen sich der ganzen Kulisse an. Fürchterlich beige. Verschlissen und größtenteils durchgesessen sind sie obendrein. Am Ende einer längeren Fahrpause verströmen sie dazu einen leicht muffigen Geruch. Ich hätte sie längst gerne ersetzt, aber Kathi meint, für eine Weile erfüllten sie noch ihren Zweck. Recht hat sie.

Und jetzt kommt das große Aber. Dieses Gefährt, dieses Reisemobil gehört mir. Es ist bezahlt. Es befindet sich einzig und allein in meinem Besitz und ist nicht das Eigentum irgendeiner Bank. Es legt mich nicht an die Kette eines Kredits, der mich weiter in den Schuldenkreislauf hineinzieht. Es verkörpert meine Lebenseinstellung. Als ich vor der Kaufentscheidung stand, und ich mein „neues" Reisemobil das erste Mal bestiegen habe, war es regnerisch und kühl. Aber ich hatte unmittelbar beim Betreten das Gefühl, dass es dieser alte Bürstner ist. Ich habe mich sofort darin gesehen und mich wohlgefühlt. Ich habe mich auf das Gefährt eingelassen. Irgendwie schien es, mein Reisemobil hätte auf mich gewartet.

Man rümpft gemeinhin gerne einmal die Nase über solche alten Reisemobile, denkt, die gehören doch auf den Schrott und doch: Die Besitzer haben mit Sicherheit einiges an Arbeit in ihre Reisemobile gesteckt, haben viele gemeinsame Touren auf dem Buckel, sei es mit Familie oder in späteren Jahren ohne. Diese Reisemobile fahren nach wie vor tadellos, verrichten nach wie vor klaglos ihren Dienst. Diese Reisemobile haben sich über die Jahre zu treuen Gefährten entwickelt, mit denen ihre Besitzer schon viele Abenteuer erlebt haben. Logisch, dass es nicht ausbleibt, sich das eine oder andere Mal zusammen zu raufen, wenn mal wieder ein unvorhergesehenes technisches Problem auftritt. Natürlich unterwegs. Muss man durch.

Die zentrale Idee ist, eher zu konservieren statt zu konsumieren, dass es besser ist, Sachgüter zu erhalten, anstatt sie zu verschrotten. In vollem Umfang klar wurde mir das vor einigen Jahren, als ich mir damals ein betagtes, kleines Segelboot zugelegt habe, um damit in den Watten der Nordsee unterwegs zu sein. Ich habe es nach wie vor in meinem Besitz. Es wurde 1973 gebaut, und zwar in einer Qualität, die es heute nicht mehr gibt. Viele andere Segler haben mich seinerzeit belächelt, haben den Kopf geschüttelt, dass ich so eine Menge Zeit, Energie und auch Geld in einen Haufen „Plastikschrott" gesteckt habe. Aber für mich ist es etwas anderes. Ob es sich finanziell lohnt oder sich rechnet, stand für mich nie in Frage. Mein Boot war und ist für mich ein schützenswertes Kulturgut der 1970er Jahre, ein Relikt einer Zeit, in der der Konsum einerseits Fahrt aufnahm, aber gleichfalls viele Dinge, die sonst nur reichen Menschen vorbehalten waren, „demokratisiert" hat, sprich das Segeln. Dieser Konsum hatte in der Vergangenheit durchaus einiges an Veränderungspotential und hat seinerzeit viele Kräfte freigesetzt. Heute ist Konsum vor allem eine Frage der Maßlosigkeit. Zahlreiche Samstage verbrachte ich damit, selbst Hand anzulegen. Das sparte Geld, den Zeitfaktor habe ich vernachlässigt, denn ich zielte auf Entschleunigung. Wenn ich Hilfe benötigte, fragte ich andere Segler um Rat und nicht selten haben wir dann den Rest des Samstags verquatscht.

Meine handwerkliche Arbeit, das Abschleifen, Polieren und das Montieren von Beschlägen und dergleichen, schuf dabei eine fast schon innige Verbindung zu meinem Boot. Es wurde zu einem Gefährten, einem Komplizen des mobilen Lebens.

Gleiches gilt für mein altes Reisemobil, das ich seit ein paar Jahren besitze. Im Gegensatz zu einem betagten Boot erweitert es meinen Radius enorm. Und es bietet ein wenig mehr Lebensraum, der in fortschreitendem Alter nicht unwichtig wird. Gleichwohl kaufe und verbrauche ich, und zwar Material oder Ausrüstung, aber es ist eben ein anderer Konsum. Bewusster und aufgeklärter. Insofern ist das Leben in meinem alten Reisemobil durchaus nachhaltig. Und es ist für mich ebenso ein Kulturgut und kein Konsumgut, auch wenn es noch nicht ganz so viele Jahre auf dem Buckel hat.

Ich habe mir schon einmal die hypothetische Frage gestellt, ob ich im Fall der Fälle meine beiden Weggefährten verkaufen würde. Grundsätzlich wäre das keine größere Sache, doch trotzdem gibt es für mich ein Problem. Sowohl mein Boot als auch mein altes Reisemobil sind mir mittlerweile sehr ans Herz gewachsen. Wir haben allerhand zusammen erlebt und wir kamen nicht umhin, uns einige Male zusammenzuraufen. Ich brächte es nicht übers Herz, meine alten Weggefährten zu verkaufen. Ihnen den Laufpass zu geben. Mir gefallen ihr altertümlicher, fast schon klassischer Charme und ihr eigenwilliger Charakter, mit denen sie mich durch mein mobiles Leben begleiten.

8. Gezogener Stecker

„Jeder von uns bewahrt mehr oder
weniger verborgen eine Sehnsucht nach
dem Nomadenleben."

(Michel Butor, frz. Schriftsteller)

Seit einigen Jahren gibt es ein Musikgenre, das man
gemeinhin als „unplugged" bezeichnet. Die Songs
sind Akustikversionen älterer Titel, in denen Musiker ihre Lieder wieder aufgreifen und sie neu inter-
pretieren und arrangieren. Sie verzichten dabei auf
voluminöse Verstärker oder großes und lautes
Schlagzeug. Der Fokus rückt mehr auf die Musik
und nicht auf alles andere drumherum, aufwändige
Bühnenshows, Lautstärke, kein „Budenzauber". Der
Musiker Wolfgang Niedecken, der ebenfalls solche
Neuinterpretationen eingespielt hat, hat seinen Auf-
nahmen den Titel „Das Märchen vom gezogenen Stecker" mit auf den Weg gegeben. Denn ganz ohne
elektronische Verstärker und Schlagzeug ist es dann
eben doch nicht getan. Die Stücke sind aber technisch deutlich abgespeckter. Diese Musik sauge ich
in mich auf, auf vielerlei Weise.

Dieser Ansatz aus der Musik bringt es auf den Punkt. Man braucht nicht auf alles komplett zu verzichten, wenn man in einem alten Reisemobil lebt und unterwegs ist. Es ist wichtig, viele Dinge, die man schlicht für überflüssig hält, zu reduzieren. Indem man sein Leben auf ein sinnvolles Maß eindampft, kommt die Essenz zum Vorschein. So wie es für die Musik eine „unplugged"–Version gibt, gibt es für die Lebensweise in einem Reisemobil gleichfalls ein „unplugged". Leben ist eine Frage persönlicher Prioritäten. Welchen Stellenwert misst man seiner Freiheit zu? Den Menschen um sich herum? Den Orten, an denen man sich aufhält? Seinem Konsum, oder besser gesagt, seiner Genügsamkeit? Welche Besitztümer und Ausrüstungsgegenstände sind eher eine Belastung, als dass sie einem unterwegs nützen?

Das Unterwegssein ist geprägt von einem unterschiedlichen Zeitgefühl, einer anderen Art und Weise, mit seiner Zeit umzugehen, als man es gemeinhin kennt. Zunächst braucht es zu Beginn einer Reise stets eine gewisse Zeit, bis man sich wieder an den Alltag unterwegs gewöhnt hat. Grundsätzlich aber unterscheiden sich die täglichen Handgriffe in einer Wohnung und in einem Reisemobil nur unwesentlich. Unterwegs dauert alles länger. Es ist umständlicher. Das Spülen des Geschirrs, das Aufräumen, das Auffüllen der Petroleumlampe, das Wäschewaschen, das Kochen, Grillen und das Gemüseputzen. Das Schöne ist, dass sich diese Verrichtungen vor allem draußen an der frischen Luft abspielen. Wenn es zwischendurch regnet, rechnet man etwas Zeit hinzu. Es ist egal, wie lange es dauert. Alltägliche Dinge bekommen einen anderen Stellenwert. Statt alles schnell nebenbei und fast gleichzeitig zu erledigen, bekommt jede dieser Tätigkeiten ihren Platz im Tagesablauf, egal, wann man sie erledigt. Eine Regel, die ich für mich etabliert habe, ist, dass ich immer nur eine Sache zur Zeit verrichte. Den Kaffee am Morgen genieße ich deshalb in vollen Zügen, weil ich nebenbei nicht die Nachrichten, nicht in die Wettervorhersage schaue oder meine Mails und andere Neuigkeiten checke.

Der Alltag im Reisemobil ist Sinnbild meiner Lebenseinstellung, ein Synonym für Reduktion und Entschleunigung. Solange man es so leben kann und nicht aufgrund äußerer Umstände so leben muss. Es hebt sich wohltuend von der Masse ab und entrückt einen einer Welt voll von Stress und Geschrei. Es schärft das Bewusstsein für alles das, was um sich herum geschieht. Es tut auch deshalb so gut, weil es eine Form von Nomadentum, von Vagabundenleben ist, das in der Gesellschaft so nicht vorgesehen und deshalb nicht akzeptiert ist. Es ist Teil meiner Verweigerungsstrategie.

***

Im Gegensatz zu einem Urlaub gibt es auf Reisen einen ganz normalen Alltag. Wenn man längere Zeit unterwegs ist, sind die alltäglichen Dinge in einem Reisemobil ebenso zu verrichten wie zu Hause. Es liegt auf der Hand, dass man seine Mahlzeiten nicht ständig in irgendwelchen Restaurants einnimmt oder die Wäsche zwei Monate ungewaschen im Wäschesack verbleibt. Trotzdem lebe ich nicht dauerhaft in meinem Reisemobil, das ganze auch noch allein. Die Zeit, die ich mobil lebe, variiert durchaus von ein paar Tagen bis hin zu einigen Wochen oder gar Monaten. Kathi und ich versuchen, möglichst viel Zeit miteinander zu verbringen, wo und wie auch immer. Das schließt aber eben nicht aus, dass ich hin und wieder meine Einsiedlerphasen brauche, aber das variiert. Dabei bedeutet für mich unterwegs zu sein, gleichzeitig zu Hause zu sein. Mein wörtliches und übertragenes mobiles Leben pendelt dabei geographisch zwischen meiner Wohnung an der

Nordsee, Kathis Haus in Oberbayern und dem Nomadenleben im Reisemobil. Das Gefühl von Heimat hängt dabei nicht davon ab, ob irgendwo irgendwelche Besitztümer stehen. Wichtiger ist die emotionale Komponente, die man seinem Leben zuschreibt und vor allem den Emotionen zu Menschen, die einen prägen und die einen umgeben.

Es existiert aber noch eine zusätzliche, gleichermaßen wichtige Abgrenzung zwischen dem Urlaubmachen und dem Reisen. Wenn man vor bekannten Situationen steht, ist in erster Linie das Unterbewusstsein zuständig. Man weiß, was man tut und was einen erwartet. Das Leben funktioniert. Wenn man aber diese Art Komfortzone verlässt, die den Alltag so handhabbar und bequem macht, übernimmt das Bewusstsein. Das hat Konsequenzen für das Reisen. Es legt nahe, dass man aufmerksamer wird, wenn man seinen voraussehbaren und gewohnten Alltag hinter sich lässt. Das Bewusstsein wird aktiviert, um mit den neuen Erfahrungen umzugehen. An solche Erlebnisse wird man sich später erinnern, weil sie sich von der Masse der sonst üblichen Erfahrungen abheben. Das erklärt ein Stück weit, warum das Reisen so aufregend und packend ist. Manchmal benötigt man in den Ferien ein wenig Erholung, ohne allzu sehr gefordert zu werden, und das Unterbewusstsein behält die ganzen Ferien über die Kontrolle. Das ist völlig in Ordnung. Eine solche Phase braucht jeder Mensch, egal für wie lange. Dann wiederum zieht es einen auf Reisen. Man verspürt den Drang, die Welt aus einer anderen Perspektive zu erleben. Das ruft das Bewusstsein auf den Plan. Man kann aber nicht behaupten, es gäbe eine richtige oder falsche Art unterwegs zu sein oder dass man beide Formen nicht unter einen Hut zu bringen vermag. Beide Arten unterscheiden sich merklich von einander. Das Reisen befähigt einen dazu, seine eigene Sicht auf die Welt zu überdenken und zu ändern. Trotzdem wird das Touren, das Reisen, das Unterwegssein und die Notwendigkeit, sich häufig auf neue Orte einzulassen, ab einem gewissen Zeitpunkt anstrengend. Der Kopf benötigt auf Reisen daher immer wieder Ruhepausen. Das Gehirn fordert diese Auszeiten regelrecht ein. Es braucht Zeit, das bisher Erlebte und die Eindrücke zu verarbeiten. Ich schätze es deshalb, ab und an gezielt „unbewussten" Urlaub einzulegen und eine zeitlang an einem Fleck zu bleiben. Ich möchte ankommen. Ich gehe in die Tiefe. Wenn man vom Bäcker oder dem Gemüsehändler vor Ort nach einigen Tagen und Einkäufen wiedererkannt wird, weiß man, dass man auf dem richtigen Weg ist. Der Kopf hat Ruhe und Muße. Die Phantasie, die einen in der Planungsphase der Reise getragen hat, wird in solchen Phasen zu echter Erfahrung. Das ein wichtiger Aspekt, denn er macht das Reisen erst zum Reisen. Wie heißt es in einem alten Sprichwort der Beduinen: „Mein Körper ist angekommen, aber meine Seele noch nicht!"

Ähnlich verhält es sich, wenn man über Urlaubs-fotos nachdenkt. Das Wichtigste an einer Reise – wie man sich gefühlt und was man gelernt hat – scheint sich erst Jahre später in der Erinnerung zu zeigen. Wenn es wirklich wichtig war, wird man sich daran erinnern. Man versteht manchmal nicht, warum die eine Sache, die sich im Kopf verhaftet hat, so wert-voll ist. Damals erschien sie einem eher nebensäch-lich und fast schon unwichtig, doch letztlich wird man sich darüber klar werden. Das zeigt sich immer dann auffallend deutlich, wenn man sich anderer Leute Urlaubsfotos ansieht. All das, was sie vor sich sehen, die Erlebnisse, die sie einem so begeistert ver-mitteln wollen, finden sich nicht auf ihren Fotos wieder. Fotografien zerstören den Bann, der im Kopf wächst und sich wandelt, während man älter wird und die Erinnerungen sich verändern. Diese Mo-mente in einen Rahmen zu pressen ist, als wolle man eine Parkbank in einen Baum zurückverwan-deln. Solche Urlaubsfotos enthalten für Außenste-hende, für Unbeteiligte nichts von der Magie, die der Augenblick an sich hatte, als er real war.

***

Es macht einen Unterschied, ob man allein reist oder ob man zu zweit unterwegs ist. Hier sind die Auswirkungen des „gezogenen Steckers" durchaus unterschiedlich. Wenn man allein auf Achse ist, kommen auf einmal Gedanken auf, Erinnerungen erwachen, innere Bilder werden aktiviert, Pläne oder gar Visionen, die man gerne verwirklichen möchte. Man öffnet sich seinem Inneren und nimmt Kontakt mit ihm auf. Das ist im Alltag nur schwer möglich.

Der US–amerikanische Reiseschriftsteller Paul Theroux sagte einmal in einem Interview, man solle am besten alleine reisen. Es gäbe keine besseren Reisebegleiter als die unausweichlichen Gedanken und Empfindungen der eigenen Seele. Wenn man mit einem Freund oder einer Freundin reise, hindere seine oder ihre Präsenz einen daran zu bemerken, wie sich der Geist in sich selbst versenke, wenn man völlig allein an einem unbekannten Ort sei. Wenn man alleine reise, löse sich die eigene Identität auf, besonders wenn man langsam reise und lange unterwegs sei. Man spreche wenig, was an sich schon ziemlich meditativ sei. Dem Geist stehe es frei, in oft vernachlässigte Bereiche des eigenen Ichs zu schweifen. Das könne zunächst beunruhigend sein, doch schon bald fühle sich der Verzicht äußerst angenehm an.

Dan Kieran vertritt eine ähnliche Ansicht. Er meint, die wohl höchste Form des langsamen Reisens sei eine Wanderung, die man alleine unternähme. Hier lasse sich wahre Freiheit zu einem niedrigen Preis erfahren, und man könne sich einem in Vergessenheit geratenen Zeitvertreib widmen: dem

Nachdenken. Heutzutage sei das Reisen meist darauf ausgerichtet, jegliches Denken zu vermeiden. Das Nachdenken bringe einen wieder in Kontakt mit dem eigenen Ich.

Trotz dieser Gedanken zum Alleinreisen schätze ich es gleichermaßen, mit Kathi unterwegs zu sein. Das Genießen des einzelnen Moments ist anders, aber beides ist gleichermaßen intensiv.

***

In einem Reisemobil existiert ein gewisser Abstand, eine Abgeschiedenheit von der „normalen" Welt. Der Kopf wird frei, Ruhe und Stille verschaffen einem die Muße, seine Gedanken zu ordnen. Man hat das Gefühl, bei sich zu sein, Zeit für Reflexion zu haben. Mein alter Weggefährte, mein „fahrendes Kloster", ist für mich ein Rückzugsort, ein Ort der Ruhe und der Langsamkeit, in dem ich besondere Momente genieße, die mir vor allem der „gezogene Stecker" ermöglicht. Ich erlebe immer wieder Momente der Ruhe und der Einkehr, die man gemeinhin als unspektakulär bezeichnet, die für mich aber einen besonderen Stellenwert haben.

Wie häufig habe ich schon auf der Eingangsstufe meines Reisemobils gesessen und nach der Ankunft am Stellplatz mein Treppenbier oder einen Kaffee genossen. Das Ganze noch in Verbindung mit einem einzigartigen Blick raus in die Natur. Das sind Momente, in denen ich bei mir bin. Darauf möchte ich nicht verzichten.

Wie oft schon bin ich nachts aufgewacht, weil es wieder einmal auf das Dach prasselte. Der Regen fühlt sich deutlich stärker an als in einem Haus. Vor allem aber ist man ihm näher und man vernimmt sämtliche Abstufungen, die er zur Verfügung hat. Bei einem Gewitter hört er sich bisweilen so laut an, dass an ein Einschlafen nicht zu denken ist. Manchmal hat er eine so feine Tonleiter parat, dass ich einfach nur in der Koje liege und dieser ungewöhnlichen Musik lausche.

Der Schlaf in einem Reisemobil ist ebenfalls ein besonderer. Er ist zumeist tiefer und intensiver als in einer Wohnung. Ich habe einmal gelesen, dass einen die Koje deshalb besser schlafen ließe, weil man sich unterbewusst wieder wie ein ungeborenes Kind fühle. Die räumliche Enge an Bord erzeuge das Gefühl, wieder geborgen wie im Mutterleib zu sein.

Wenn der Tag erwacht, ist meine erste Handlung das Aufbrühen des Kaffees. Es ist für mich ein festes Ritual, mit dem ich in den Tag starte. Das Aufkochen des Wassers, das Einsetzen des Filters in meine Chemex, das Mahlen der Kaffeebohnen, das Anbrühen, das Aufbrühen, alles verschmilzt zu einer kontemplativen, genussvollen Einheit. Ich horche in mich hinein und erkunde mein Inneres. Der Kaffeeduft durchzieht schon bald den gesamten Innenraum und die erste Tasse Kaffee des Tages, manchmal beim Schein einer Kerze, hat eine besondere Qualität.

Das Essen, die Mahlzeiten unterwegs sind ebenfalls fester Bestandteil meines Slow. Langsames Essen heißt für mich bewusst zu genießen, genauer hinzuschauen, woher die Zutaten kommen und wie sie zubereitet werden. In meinem Reisemobil koche ich

gerne selbst, ohne Eile und Hektik, ab und zu begleitet von einem Glas Wein aus der Gegend, in der ich
mich gerade aufhalte. Dabei kommt es nicht darauf
an, wie aufwändig oder wie teuer das Essen ist. Einfache, aber gute Zutaten reichen mir völlig aus. Wenn
man weniger auf dem Tisch hat, genießt man mehr,
denn man hat keinen Druck, was man noch alles zu
probieren und zu essen hat.

Musik! Sie hat in meinem Reisemobil gleichfalls
einen hohen Stellenwert. Sie läuft nicht so nebenbei
als eine Art Dauerbeschallung. Ich nehme mir ab
und zu einmal vor, das eine oder andere Album von
vorne bis hinten anzuhören, vom ersten bis zum
letzten Song. Das mache ich praktisch nur unterwegs, mobil, weil ich dann die Zeit und die Muße
habe, mich voll und ganz darauf einzulassen. Musik
als bewusster Genuss und nicht als schneller Konsum nebenbei.

Solche Momente ermöglichen mir, dass ich mich unterwegs oft ausklinke. Ich bin offline, im wahrsten, aber auch im übertragenen Sinne des Wortes. Der Stecker ist wirklich gezogen und ich habe anschließend wieder Kraft, mich zurück in mein Leben einzuklinken. Dieser zeitweise Logout weitet den Horizont und verändert die Perspektive auf viele unterschiedliche Dinge. Das ist es, was ich so überaus schätze. Die Sinne auffüllen, die Akkus aufladen, an einem Tag mehr Denkanstöße bekommen als elektronische Nachrichten. Der Musiker John Lennon, Mitglied der Beatles, hat zu Lebzeiten seine Lebensphilosophie einmal so auf den Punkt gebracht:

„When I was five years old, my mother always told me that happiness was the key to life. When I went to school, they asked me what I wanted to be when I grew up. I wrote down 'happy'. They told me I didn't understand the assignment, and I told them they didn't understand life."

9. Zu guter Letzt

„Dass etwas schwer ist, muss ein Grund
mehr sein, es zu tun."

(Rainer Maria Rilke)

Leben ist Veränderung. Das ist eine Binsenweisheit.
Aber warum ist es dermaßen schwer, etwas zu verändern? Wie oft vermeidet man Veränderungen, weil
man Angst davor hat, irgendwas nicht ganz richtig

zu machen oder auf halbem Wege stehen zu bleiben. Man fürchtet sich deswegen vielleicht vor Verurteilung. Man ändert deshalb nichts, weil man Angst hat, dass die Anforderungen die eigenen Fähigkeiten übersteigen, dass die Probleme größer und schwieriger sind als gedacht. Also rührt man sich nicht vom Fleck. Verharrt in bequemer Regungslosigkeit. Meidet sorgsam jeden Wandel oder neue Erfahrung, aus lauter Angst, was hinter der nächsten Ecke auf einen lauern könnte.

1969 wurde Willy Brandt Bundeskanzler, in einer Zeit, in der innerhalb und außerhalb Deutschlands viele Veränderungen anstanden. Zusammen mit Egon Bahr wurde er zum Konstrukteur einer neuen deutschen Ostpolitik. Zwei Grundgedanken leiteten dabei die beiden Politiker. Zum einen waren es Egon Bahrs Worte in Bezug auf das deutsch–deutsche Verhältnis, das in den 60er Jahren völlig erstarrt war. Er meinte, dass man nicht still sitzen bleiben könne und abwarten, dass sich von alleine etwas ändere. Das sei „keine Politik". Willy Brandt mahnte an, dass die Stabilität einer Ordnung davon abhänge, wie stark die Menschen in einer Gemeinschaft zur Mitverantwortung ermutigt würden. Er vertrat die Ansicht, Politik und Gesellschaft müssten „mehr Demokratie wagen". Heute existieren vielfältige Entscheidungsmöglichkeiten, die den Menschen in den 60er Jahren so nicht zur Verfügung standen. Aus diesen Freiheiten resultiert heute aber nicht weniger, eine solche Mitverantwortung tatsächlich zu übernehmen und ernstzunehmen.

Mario Andrade, brasilianischer Dichter, Essayist, Schriftsteller und Musikwissenschaftler, schrieb: „Ich fühle mich wie dieses Kind, das eine Schachtel Bonbons gewonnen hat: die ersten isst es mit Vergnügen, aber als es merkt, dass nur noch wenige übrig sind, beginnt es, sie intensiv zu schmecken." Weiter schreibt er: „Ich habe keine Zeit für endlose Treffen, bei denen die Statuten, Regeln, Verfahren und internen Vorschriften besprochen werden, in dem Wissen, dass nichts getan wird. Ich habe keine Zeit mehr, absurde Menschen zu unterstützen, die trotz ihres chronologischen Alters nicht erwachsen sind. Meine Zeit ist zu kurz: ich will die Essenz, meine Seele ist in Eile. Ich habe nicht mehr viele Süßigkeiten im Paket. Ich möchte neben Menschen leben, sehr menschlichen Menschen, die über ihre Fehler lachen können und die nicht von ihren eigenen Erfolgen aufgeblasen werden und die Verantwortung für sich selbst übernehmen. Auf diese Weise wird die Menschenwürde verteidigt und wir leben in Wahrheit und Ehrlichkeit. Es ist das Wesentliche, das das Leben nützlich macht. Ich möchte mich mit Menschen umgeben, die es verstehen, die Herzen zu berühren, mit denen, die von den harten Strichen des Lebens gelernt haben, die mit den süßen Berührungen der Seele wachsen. Wir haben zwei Leben und das zweite beginnt, wenn du erkennst, dass du nur eins hast."

Der Wissenschaftler und Wachstumskritiker Nico Paech meint: „Pures Weglassen ist überall, unilateral [einseitig] und kurzfristig umsetzbar. Dieser Strategietyp ist derart naheliegend und einfach umzusetzen, dass wir uns vermutlich gerade deshalb so schwer damit tun. Maßnahmen, die nichts kosten, nicht innovativ sind, kein neues Gesetz benötigen und für deren Umsetzung niemand einen Hochschulabschluss braucht, müssen uns wohl verdächtig vorkommen. Sie erschüttern ein verkrampftes Weltbild, dass nur Fortschritt und zusätzliche Freiheiten als Problemlösung anerkennt." Weiter meint er, dass wir die Folgen unserer Entgleisungen lediglich mit neuen Entgleisungen beantworteten.

Der Grundgedanke ist nicht, ein perfektes, entschleunigtes und reduziertes Leben zu führen, um damit nur wieder in einen neuen Wettbewerb, in ein neues Vergleichen abzurutschen. Es geht auch nicht darum, Überforderungen und stressige Phasen komplett zu meiden. Das Leben ist vielfältig, manchmal kompliziert und vor allem lebt der Mensch nicht in einem Vakuum. Es ist erforderlich, sein Bewusstsein zu trainieren und zu lernen, Überforderung zu bekämpfen, bevor man die Kontrolle über sie verliert. Man muss auf sich selbst achten und auch auf seine Mitmenschen, seine Umwelt. Man ist aufgefordert, entsprechend zu handeln, viele Dinge genauer wahrzunehmen und daran zu wachsen. Eine solche Balance, so erstrebenswert sie ist, ist und bleibt störanfällig und wackelig. Es gab und gibt immer mal wieder diese Aufs und Abs, diese größeren und kleineren Rückfälle und Zweifel. Ist es wirklich möglich, sich den vielfältigen Zwängen und Mechanismen des heutigen Lebens zu entziehen? Dabei seinen Alltag spürbar zu entschleunigen und zu reduzieren? Ich liebe es, mir in Supermärkten einen Überblick zu verschaffen und auf Märkte zu gehen, vor allem in fremden Ländern. Genauso begeistert mich nach wie vor der Anblick eines gefüllten Kühlschranks. Es ist wohl die große Kunst, sich solche kleinen „Rückschritte" in seinem Alltag zu gönnen.

Dieses Buch ist zu großen Teilen in meinem alten Reisemobil entstanden, verteilt auf alle möglichen

Flecken in Europa. Sei es, dass ich am Text geschrieben habe oder mich der ein oder andere Ort gedanklich weitergebracht hat. Die letzten Wochen der Manuskriptphase habe ich während des kühlen deutschen Herbsts an einem traumhaften Strand im Süden Siziliens verbracht, weit weg von der Hektik der Stadt und der Konsumwelt. Zum Arbeiten habe ich nicht mehr gebraucht als meinen Laptop, einige Notizzettel, ein paar Stifte und den Tisch in der Dinette meines alten Reisemobils. Viele Ideen und Gedanken sind mir zu Zeiten gekommen, an denen ich allein war, so zum Beispiel auf Spaziergängen, morgens beim ersten Kaffee, nachmittags bei einem Bier oder einem Glas Wein oder abends bei Regen in der Koje. Ich habe in vielen Büchern zu dem Thema recherchiert, doch sind mir die besten Gedanken einfach so eingefallen. Und zwar immer dann, wenn ich Ruhe hatte. Diese Muße war ein tragendes Element. Die Zeit verging dabei immer schneller, was mich ziemlich überrascht und verwundert hat. Aber so war es. In der Rückschau habe ich jede Arbeitsphase an diesem kleinen Reisebuch, die Recherche, die Konzeption und das Schreiben bewusst genossen. Die konzentrierte Arbeit daran war für mich ein Stück gelebter und sinnvoll verbrachter Zeit.

10. Literatur

Marc Bielefeld, Wer Meer hat, braucht weniger. Ludwig Verlag, München 2013

Stephan Boden, Digger Hamburg. Kleiner segeln, größer leben. Delius Klasing Verlag, Bielefeld 2013

Alain Ehrenberg, Das erschöpfte Selbst. Campus Verlag, Frankfurt/M. 2009

Epikur, Über das Glück. Diogenes Verlag, Zürich 2011

Andreas Gabriel, Über's Wasser. Ein Mann, ein Boot – unterwegs zu sich selbst. Ludwig Verlag, München 2014

Jan Grossarth, Vom Aussteigen und Ankommen. Besuche bei Menschen, die ein einfaches Leben wagen. Goldmann Verlag, München 2012

Helge Hesse, Hier stehe ich und kann nicht anders. In 80 Sätzen durch die Weltschichte. Piper Verlag, München 2010

Winfried Hille, Slow. Die Entscheidung für ein entschleunigtes Leben. Gütersloher Verlagshaus, Gütersloh 2016

Scott Huler, Die Sprache des Windes. mare Verlag, Hamburg 2013

Björn Kern, Das Beste, was wir tun können, ist nichts. Fischer Verlag, Frankfurt/M. 2016

Verena Kast, Seele braucht Zeit. Kreuz Verlag, Freiburg 2013

Beth Kempton, Wabi Sabi. Japanese Wisdom for a Perfectly Imperfect Life. Piatkus Verlag, GB 2018

Dan Kieran, Slow Travel. Heyne Verlag, München 2014

Ramona Krieger / Ulrich Pingel (Hrsg.), Auszeit-Storys. Wenn nicht jetzt – Verlag, Bornheim 2017

Shunmyo Masuno, ZEN – The Art of Simple Living. Joseph Verlag, GB 2019

Brooke McAlary, Slow. Einfach Leben. Bastei Lübbe Verlag, Köln 2018

Achill Moser, Sehnsuchtsorte. Wo das Glück unserer Träume greifbar ist. Verlag Hoffmann und Campe, Hamburg 2017

Sten Nadolny, Die Entdeckung der Langsamkeit. Piper Verlag, München 2015

Nico Paech, Befreiung vom Überfluss. Auf dem Weg in die Postwachstumsökonomie. Oekonom Verlag, München 2012

Hartmut Rosa, Beschleunigung und Depression. In: Psyche – Zeitschrift für Psychoanalyse und ihre Anwendung. Klett – Cotta Verlag, Stuttgart 2011

Alex Rühle, Ohne Netz. Mein halbes Jahr offline. Klett – Cotta Verlag, Stuttgart 2010

Rüdiger Safranski, Zeit. Hanser Verlag, München 2015

Luis Sepulveda / Quint Buchholz, Der langsame Weg zum Glück. Ein Schneckenabenteuer. Fischer Verlag, Frankfurt/M. 2015

Henry David Thoreau, Walden oder Leben in den Wäldern. Nikol Verlag, Hamburg 2016

Marc Wittmann, Gefühlte Zeit. C. H. Beck Verlag, München 2012

Robert Wringham, Ich bin raus. Wege aus der Arbeit, dem Konsum und der Verzweifelung. Heyne Verlag, München 2016

Jeanette Zemer, Auszeit – Raus aus dem Hamsterrad. tredition Verlag, Hamburg 2014

Vom selben Autor erschienen:

Einfach Reisen macht glücklich: Einfach losfahren und nur das mit-
nehmen, was man braucht. Die Magie der vielen kleinen Momente
und Dinge um uns herum wartet auf Sie. Freiheit und Leichtigkeit
pur, dabei zu 100% alltagstauglich! Die Roadtrips des Autors sind
voller faszinierender Eindrücke, überraschender Begegnungen und
fesselnder Momente. Sie sind das Herzstück von *Einfach Reisen*.
Kleine Glücksmomente.

Dieses Buch veranschaulicht Ihnen einen bewährten und praxis-
orientierten Weg zum *Einfach Reisen*. Ein Überblick gängiger Reisemobiltypen, ein Glossar wichtiger Begriffe, eine Vielzahl persönlicher Anregungen für die Ausrüstung eines Wohnmobils und gol-
dene Tipps für autarke und nachhaltige Roadtrips bringen *Einfach
Reisen* auf den Punkt. Sie werden es lieben.

21,90 €
ISBN: 978-3-754302682